Einhard | Vita Karoli Magni

Einhard

Vita Karoli Magni

Das Leben Karls des Großen

Lateinisch / Deutsch

Übersetzt von Evelyn Scherabon Firchow

Durchgesehen und überarbeitet sowie mit einem Nachwort versehen von Stefan Zathammer

Reclam

RECLAMS UNIVERSAL-BIBLIOTHEK Nr. 14454
1968, 2024 Philipp Reclam jun. Verlag GmbH,
Siemensstraße 32, 71254 Ditzingen
info@reclam.de
Gestaltung: Cornelia Feyll, Friedrich Forssman
Druck und Bindung: Elanders Waiblingen GmbH,
Anton-Schmidt-Straße 15, 71332 Waiblingen
Printed in Germany 2025
RECLAM, UNIVERSAL-BIBLIOTHEK und
RECLAMS UNIVERSAL-BIBLIOTHEK sind eingetragene Marken
der Philipp Reclam jun. GmbH & Co. KG, Stuttgart
ISBN 978-3-15-014454-1
reclam.de

Vita Karoli Magni
Das Leben Karls des Großen

[Prologus] Vitam et conversationem et ex parte non modica res gestas domini et nutritoris mei Karoli, excellentissimi et merito famosissimi regis, postquam scribere animus tulit, quanta potui brevitate conplexus sum, operam inpendens, ut de his quae ad meam notitiam pervenire potuerunt nihil omitterem neque prolixitate narrandi nova quaeque fastidientium animos offenderem; si tamen hoc ullo modo vitari potest, ut nova scriptione non offendantur qui vetera et a viris doctissimis atque disertissimis confecta monumenta fastidiunt. Et quamquam plures esse non ambigam, qui otio ac litteris deditі statum aevi praesentis non arbitrentur ita neglegendum, ut omnia penitus quae nunc fiunt velut nulla memoria digna silentio atque oblivioni tradantur, potiusque velint amore diuturnitatis inlecti aliorum praeclara facta qualibuscumque scriptis inserere quam sui nominis famam posteritatis memoriae nihil scribendo subtrahere, tamen ab huiuscemodi scriptione non existimavi temperandum, quando mihi conscius eram nullum ea veracius quam me scribere posse, quibus ipse interfui, quaeque praesens oculata, ut dicunt, fide cognovi et, utrum ab alio scriberentur necne, liquido scire non potui. Satiusque iudicavi eadem cum aliis velut communiter litteris mandata

[Vorwort] Nachdem ich mich dazu entschlossen hatte, über das private und öffentliche Leben und vor allem auch über die Taten meines Herrn und Gönners, des vortrefflichen und hochberühmten Königs Karl, zu berichten, nahm ich mir vor, diese Schilderung so kurz als möglich zu halten, und gab mir dabei Mühe, nichts wegzulassen, was ich in Erfahrung bringen konnte, und auch nicht durch Weitschweifigkeit solche Leser abzuschrecken, die an allem Modernen etwas auszusetzen haben – wenn es überhaupt möglich ist, die mit einem neuen Werk zufriedenzustellen, die doch sogar die alten Meisterwerke der gelehrtesten und geistreichsten Autoren ablehnen. Zwar zweifle ich nicht, dass es noch mehr Gelehrte gibt, die die heutigen Verhältnisse nicht für so unbedeutend halten, dass sie glauben, alles Gegenwärtige verdiene Verachtung und müsse ohne jede Aufmerksamkeit schweigend übergangen werden, sondern vielmehr in ihrer Begeisterung für Vergangenes die berühmten Taten anderer irgendwie beschreiben wollen und hoffen, so auch zu verhindern, dass ihr Name wegen schriftstellerischer Untätigkeit von der Nachwelt vergessen wird, ich habe aber doch geglaubt, mich dadurch von meinem Werk nicht abhalten lassen zu dürfen, da ich sicher bin, dass außer mir niemand die Ereignisse genauer schildern kann, die sich sozusagen vor meinen eigenen Augen zugetragen haben und deren Wahrhaftigkeit ich bezeugen kann, und da ich nicht mit Sicherheit wissen konnte, ob es von einem anderen aufgezeichnet wird oder nicht. Und so hielt ich es für besser, dass diese Geschehnisse in verschie-

memoriae posterorum tradere quam regis excellentissimi et omnium sua aetate maximi clarissimam vitam et egregios atque moderni temporis hominibus vix imitabiles actus pati oblivionis tenebris aboleri. Suberat et alia non inrationabilis, ut opinor, causa, quae vel sola sufficere posset, ut me ad haec scribenda conpelleret, nutrimentum videlicet in me inpensum et perpetua, postquam in aula eius conversari coepi, cum ipso ac liberis eius amicitia; qua me ita sibi devinxit debitoremque tam vivo quam mortuo constituit, ut merito ingratus videri et iudicari possem, si tot beneficiorum in me conlatorum inmemor clarissima et inlustrissima hominis optime de me meriti gesta silentio praeterirem patererque vitam eius, quasi qui numquam vixerit, sine litteris ac debita laude manere; cui scribendae atque explicandae non meum ingeniolum, quod exile et parvum, immo poene nullum est, sed Tullianam par erat desudare facundiam. En tibi librum praeclarissimi et maximi viri memoriam continentem; in quo praeter illius facta non est quod admireris, nisi forte, quod homo barbarus et in Romana locutione perparum exercitatus aliquid me decenter aut commode Latine scribere posse putaverim atque in tantam inpudentiam proruperim, ut illud Ciceronis putarem contemnendum, quod in primo Tusculanarum libro, cum

denen, wenn auch ähnlichen Darstellungen der Nachwelt überliefert werden, anstatt es zuzulassen, dass das ruhmvolle Leben und die unvergleichlichen und heute unnachahmbaren Taten dieses angesehensten Königs seiner Zeit im Dunkel der Vergangenheit verschwinden. Es gibt aber noch weitere triftige und, wie ich glaube, stichhaltige Gründe, und jeder einzelne davon hätte ausgereicht, mich zur Aufzeichnung dieser Schrift zu bewegen: Es sind dies vor allem die Erziehung, die mir König Karl während meiner Kindheit angedeihen ließ, und auch die lebenslange Freundschaft, die mich seit meiner Ankunft am Hof mit ihm und seinen Kindern verband. Daher bin ich ihm so sehr verpflichtet und er hat mich im Leben wie im Tod zu seinem Schuldner gemacht, dass man mich mit Recht als undankbar ansehen und bezeichnen könnte, wenn ich die großartigen Taten dieses Mannes, der sich um mich so sehr verdient gemacht hat, stillschweigend überginge und es zuließe, dass sein Leben keine schriftliche Würdigung oder gebührende Anerkennung erhielte, ganz so, als hätte es ihn nie gegeben! Mein armseliges und unbedeutendes Talent reicht freilich nicht aus, seinen Lebenslauf gebührend darzustellen, wäre dies ja sogar für die Redegewandtheit eines Tullius[1] schwierig gewesen. Hier also ist das Buch, das die Lebensgeschichte eines wahrhaft großen Mannes enthält. Man wird sich über seine Taten wundern und wahrscheinlich auch darüber, dass ich barbarischer Franke so vermessen bin und glaube, geschmackvoll und elegant auf Lateinisch schreiben zu können – bin ich doch mit der Sprache der Römer nur wenig vertraut. Man wird ferner vielleicht über meine Unverschämtheit staunen, dass ich Ciceros Worte im ersten Buch der »Gespräche in Tusculum« unter-

de Latinis scriptoribus loqueretur, ita dixisse legitur: *Mandare quemquam*, inquit, *litteris cogitationes suas, qui eas nec disponere nec inlustrare possit nec delectatione aliqua adlicere lectorem, hominis est intemperanter abutentis et otio et litteris.* Poterat quidem haec oratoris egregii sententia me a scribendo deterrere, nisi animo praemeditatum haberem hominum iudicia potius experiri et haec scribendo ingenioli mei periculum facere quam tanti viri memoriam mihi parcendo praeterire.

1. Gens Meroingorum, de qua Franci reges sibi creare soliti erant, usque in Hildricum regem, qui iussu Stephani Romani pontificis depositus ac detonsus atque in monasterium trusus est, durasse putatur. Quae licet in illo finita possit videri, tamen iam dudum nullius vigoris erat, nec quicquam in se clarum praeter inane regis vocabulum praeferebat. Nam et opes et potentia regni penes palatii praefectos, qui maiores domus dicebantur, et ad quos summa imperii pertinebat, tenebantur. Neque regi aliud relinquebatur, quam ut regio tantum nomine contentus crine profuso, barba summissa, solio resideret ac speciem dominantis effingeret, legatos undecumque venientes audiret eisque abeuntibus responsa, quae erat edoctus vel etiam iussus, ex sua velut potestate redderet; cum praeter inutile regis no-

schätze, wo er über die lateinischen Schriftsteller sagt: »Es heißt Arbeitszeit verschwenden und die Literatur geschmacklos missbrauchen, wenn man seine Gedanken niederschreibt, ohne die Fähigkeit zu besitzen, sie zu ordnen und zu erklären oder die Leser durch einen angenehmen Stil zu erfreuen.«[2] Dieser Ausspruch des berühmten Redners hätte mich unter Umständen vom Schreiben abhalten können, wenn ich nicht schon entschlossen gewesen wäre, lieber meine geringen schriftstellerischen Talente auf die Probe zu stellen und zu riskieren, dass mich die Welt deshalb verurteilt, als aus Angst um meinen eigenen Ruf die Erinnerung an einen so großen Mann erlöschen zu lassen.

1. Das Geschlecht der Merowinger, aus dem die Franken ihre Könige zu wählen pflegten, herrschte – so ist man gemeinhin der Ansicht – bis zur Zeit König Childerichs, der auf Anordnung des römischen Papstes Stephan abgesetzt, geschoren und ins Kloster geschickt wurde.[3] Mag es auch den Anschein haben, das Geschlecht habe erst mit ihm sein Ende gefunden, so hatte es doch schon lange seine Bedeutung eingebüßt und besaß nichts mehr außer den leeren Königstitel. Der tatsächliche Einfluss und die wirkliche Macht im Königreich lag gänzlich in den Händen der Hofmeister des Palastes, der sogenannten Hausmeier,[4] die an der Spitze der Regierung standen. Dem König blieb nichts anderes übrig, als mit dem bloßen Titel zufrieden mit wallendem Kopfhaar und langem Bart auf dem Thron zu sitzen und den Herrscher zu spielen,[5] Gesandte, die von überall her kamen, anzuhören und sie dann mit Antworten zu entlassen, die seine eigenen zu sein schienen, die man ihm aber in Wirklichkeit eingegeben oder sogar befohlen hatte. Außer dem leeren Königstitel und einem unsicheren Le-

men et precarium vitae stipendium, quod ei praefectus aulae prout videbatur exhibebat, nihil aliud proprii possideret quam unam et eam praeparvi reditus villam, in qua domum et ex qua famulos sibi necessaria ministrantes atque obsequium exhibentes paucae numerositatis habebat. Quocumque eundum erat, carpento ibat, quod bubus iunctis et bubulco rustico more agente trahebatur. Sic ad palatium, sic ad publicum populi sui conventum, qui annuatim ob regni utilitatem celebrabatur, ire, sic domum redire solebat. At regni administrationem et omnia quae vel domi vel foris agenda ac disponenda erant praefectus aulae procurabat.

2. Quo officio tum, cum Hildricus deponebatur, Pippinus pater Karoli regis iam velut hereditario fungebatur. Nam pater eius Karolus, qui tyrannos per totam Franciam dominatum sibi vindicantes oppressit et Sarracenos Galliam occupare temptantes duobus magnis proeliis, uno in Aquitania apud Pictavium civitatem, altero iuxta Narbonam apud Birram fluvium, ita devicit, ut in Hispaniam eos redire conpelleret, eundem magistratum a patre Pippino sibi dimissum egregie administravit. Qui honor non aliis a populo dari consueverat quam his qui et claritate generis et opum amplitudine ceteris eminebant.

Hunc cum Pippinus pater Karoli regis ab avo et patre sibi et fratri Karlomanno relictum, summa cum eo concordia divisum, aliquot annis velut sub rege memorato tenuisset,

bensunterhalt, den ihm der Hausmeier nach eigenem Gutdünken gewährte, besaß der König nichts, was sein Eigentum gewesen wäre, außer ein Landgut, das aber nur ein geringes Einkommen brachte. Auf diesem Landgut hatte er sein Wohnhaus mit einer kleinen Anzahl von Bediensteten, die ihm die nötigsten Dienste leisteten. Wohin auch immer er sich zu begeben hatte, wurde er von einem Knecht nach Bauernart in einem Wagen gefahren, den ein Ochsengespann zog.[6] So fuhr er zum Palast, so auch zu den öffentlichen Volksversammlungen, die zweimal im Jahr zum Wohl des Reichs abgehalten wurden, und so pflegte er wieder nach Hause zurückzukehren. Der Hausmeier aber besorgte die gesamte Verwaltung des Königreichs und alles andere, was an inneren und äußeren Regierungsgeschäften angeordnet und ausgeführt werden musste.

2. Als Childerich abgesetzt wurde, bekleidete Pippin, der Vater König Karls, das schon fast erblich gewordene Amt des Hausmeiers. Pippins Vater Karl hatte es selbst von seinem Vater Pippin übernommen und vortrefflich ausgeübt.[7] Es war dies jener Karl, der die Aufständischen, die im ganzen Frankenreich die Macht an sich rissen, niederwarf und der auch die Sarazenen, die Gallien erobern wollten, in zwei großen Schlachten – die eine in Aquitanien in der Nähe der Stadt Poitiers, die andere am Fluss Berre nicht weit von Narbonne[8] – schlug und zwang, nach Spanien zurückzukehren. Das Volk übertrug die Würde des Hausmeiers üblicherweise nur solchen Männern, die sich durch hohe Geburt und großen Reichtum auszeichneten.

Pippin, der Vater König Karls, und sein Bruder Karlmann hatten die vom Vater und Großvater ererbte Würde einige Jahre lang einträchtig geteilt – und zwar während formal

frater eius Karlomannus – incertum quibus de causis, tamen videtur, quod amore conversationis contemplativae succensus –, operosa temporalis regni administratione relicta, Romam se in otium contulit, ibique habitu permutato monachus factus in monte Soracte apud ecclesiam beati Silvestri constructo monasterio cum fratribus secum ad hoc venientibus per aliquot annos optata quiete perfruitur. Sed cum ex Francia multi nobilium ob vota solvenda Romam sollemniter commearent et eum velut dominum quondam suum praeterire nollent, otium, quo maxime delectabatur, crebra salutatione interrumpentes locum mutare conpellunt. Nam huiuscemodi frequentiam cum suo proposito officere vidisset, relicto monte in Samnium provinciam ad monasterium sancti Benedicti situm in castro Casino secessit et ibi quod reliquum erat temporalis vitae religiose conversando conplevit.

3. Pippinus autem per auctoritatem Romani pontificis ex praefecto palatii rex constitutus, cum per annos XV aut eo amplius Francis solus imperaret, finito Aquitanico bello, quod contra Waifarium ducem Aquitaniae ab eo susceptum per continuos novem annos gerebatur, apud Parisios morbo aquae intercutis diem obiit, superstitibus liberis Karlo et Karlomanno, ad quos successio regni divino nutu pervenerat. Franci siquidem facto sollemniter generali conventu ambos sibi reges constituunt, ea conditione praemis-

Childerich König war. Doch entsagte Karlmann schließlich aus unbekannten Gründen, vielleicht von der Sehnsucht nach einem beschaulichen Leben gepackt, der schweren Last der Staatenlenkung und zog sich nach Rom zurück. Hier legte er sein weltliches Gewand ab, wurde Mönch und erbaute am Berg Oreste in der Nähe der Kirche zum Heiligen Silvester ein Kloster[9] und genoss einige Jahre lang gemeinsam mit den Brüdern, die mit ihm gekommen waren, die ersehnte Abgeschiedenheit. Da aber aus dem Frankenreich viele Edle in Erfüllung von Gelübden – so wie es Brauch war – nach Rom wallfahrten und es nicht versäumen wollten, dem ehemaligen Gebieter ihre Aufwartung zu machen, störten sie das ruhige und abgeschiedene Leben, nach dem dieser sich so sehr sehnte, und er sah sich deshalb genötigt, den Wohnsitz zu wechseln. Als er sah, dass dieser zahlreiche Besuch seinem Vorsatz, ein Leben in Kontemplation zu führen, hinderlich war, verließ er den Berg und begab sich in die Provinz Samnium in das Kloster des Heiligen Benedikt am Monte Cassino. Dort verbrachte er den Rest seines Erdendaseins bei frommen Übungen.[10]

3. Pippin aber wurde auf Geheiß des römischen Papstes vom Hausmeier zum König erhoben und regierte als alleiniger Herrscher mehr als fünfzehn Jahre über die Franken.[11] Nach dem Ende des Krieges, den er neun Jahre lang gegen Waifar, den Herzog von Aquitanien, geführt hatte, starb er in Paris an der Wassersucht.[12] Er hinterließ zwei Söhne, Karl und Karlmann, auf die nach dem Willen der göttlichen Vorsehung die Nachfolge überging. Bei einer allgemeinen, feierlich einberufenen Volksversammlung setzten die Franken die beiden zu ihren Königen ein, und zwar unter der Bedingung, dass sie das Königreich gleichmäßig unter

sa, ut totum regni corpus ex aequo partirentur, et Karolus eam partem, quam pater eorum Pippinus tenuerat, Karlomannus vero eam, cui patruus eorum Karlomannus praeerat, regendi gratia susciperet. Susceptae sunt utrimque conditiones, et pars regni divisi iuxta modum sibi propositum ab utroque recepta est. Mansitque ista, quamvis cum summa difficultate, concordia, multis ex parte Karlomanni societatem separare molientibus, adeo ut quidam eos etiam bello committere sint meditati. Sed in hoc plus suspecti quam periculi fuisse ipse rerum exitus adprobavit, cum defuncto Karlomanno uxor eius et filii cum quibusdam, qui ex optimatum eius numero primores erant, Italiam fuga petiit et nullis existentibus causis, spreto mariti fratre, sub Desiderii regis Langobardorum patrocinium se cum liberis suis contulit.

Et Karlomannus quidem post administratum communiter biennio regnum morbo decessit; Karolus autem fratre defuncto consensu omnium Francorum rex constituitur.

4. De cuius nativitate atque infantia vel etiam pueritia quia neque scriptis usquam aliquid declaratum est, neque quisquam modo superesse invenitur, qui horum se dicat habere notitiam, scribere ineptum iudicans ad actus et mores ceterasque vitae illius partes explicandas ac demonstrandas, omissis incognitis, transire disposui; ita tamen, ut, primo res gestas et domi et foris, deinde mores et studia eius, tum de regni administratione et fine narrando, nihil

sich aufteilten.[13] Karl sollte die Hälfte bekommen, die ihrem Vater Pippin gehört hatte; Karlmann dagegen den Teil, den ihr Onkel Karlmann regiert hatte. Die Bedingungen wurden auf beiden Seiten angenommen, und jeder übernahm den Teil des Reichs, der ihm durch diesen Beschluss zugefallen war. Die Eintracht zwischen den beiden konnte aufrechterhalten werden, allerdings nur unter größter Schwierigkeit, da viele von den Männern Karlmanns versuchten, das Einvernehmen zwischen den Brüdern zu stören. Ja, es gab sogar gewisse, die darauf sannen, zwischen den beiden Königen einen Krieg zu entfachen. Dass es sich dabei aber mehr um eine scheinbare als um eine wirkliche Kriegsgefahr gehandelt hatte, zeigte sich später. Nach Karlmanns Tod flüchtete seine Witwe mit ihren Söhnen und bedeutendsten Anhängern nach Italien und stellte sich mit ihren Kindern, ohne dass es einen Grund dazu gegeben hätte, unter den Schutz des Langobardenkönigs Desiderius, wodurch sie ihren Schwager überging.

Karlmann war nach zweijähriger gemeinsamer Regierung einer Krankheit erlegen,[14] und Karl wurde nach dem Tod seines Bruders einstimmig zum König aller Franken gewählt.

4. Da über Karls Geburt, seine Kindheit und auch über seine Jugend weder irgendein schriftlicher Bericht existiert noch sich jemand findet, der noch am Leben wäre und Auskunft geben könnte, habe ich in der Meinung, es sei sinnlos, darüber zu schreiben, beschlossen, was unbekannt ist, wegzulassen und sofort dazu überzugehen, seine Taten, seinen Charakter und andere Begebenheiten seines Lebens darzulegen und zu schildern. Zuerst möchte ich über seine Taten innerhalb und außerhalb des Reichs berichten, dann über sein Benehmen und seine Vorlieben und schließlich

de his quae cognitu vel digna vel necessaria sunt praetermittam.

5. Omnium bellorum, quae gessit, primo Aquitanicum, a patre inchoatum, sed nondum finitum, quia cito peragi posse videbatur, fratre adhuc vivo, etiam et auxilium ferre rogato, suscepit. Et licet eum frater promisso frustrasset auxilio, susceptam expeditionem strenuissime exsecutus non prius incepto desistere aut semel suscepto labori cedere voluit, quam hoc, quod efficere moliebatur, perseverantia quadam ac iugitate perfecto fine concluderet. Nam et Hunoldum, qui post Waifarii mortem Aquitaniam occupare bellumque iam poene peractum reparare temptaverat, Aquitaniam relinquere et Wasconiam petere coegit. Quem tamen ibi consistere non sustinens, transmisso amne Garonna, Lupo Wasconum duci per legatos mandat, ut perfugam reddat; quod ni festinato faciat, bello se eum expostulaturum. Sed Lupus saniori usus consilio non solum Hunoldum reddidit, sed etiam se ipsum cum provincia cui praeerat eius potestati permisit.

6. Conpositis in Aquitania rebus eoque bello finito, regni quoque socio iam rebus humanis exempto, rogatu et precibus Hadriani Romanae urbis episcopi exoratus bellum con-

über seinen Regierungsstil und seinen Tod, wobei ich nichts, das zu wissen wert oder nötig ist, auslassen werde.

5. Von allen Kriegen, die Karl führte, unternahm er zuerst den von seinem Vater begonnenen, aber nicht vollendeten aquitanischen Krieg,[15] denn es schien, dass dieser rasch zum Abschluss gebracht werden könne, auch dank der Hilfe des Bruders, um die er diesen noch bei Lebzeiten gebeten hatte. Und obgleich der Bruder den versprochenen Beistand schließlich doch versagte, führte er den begonnenen Feldzug mit größter Tatkraft aus; er ließ von der einmal in Angriff genommenen und freiwillig übernommenen Aufgabe nicht eher ab und wollte nicht nachgeben, bevor er nicht durch Ausdauer und Standhaftigkeit das, was er sich vorgenommen hatte, vollumfänglich erreicht hatte. Er zwang Hunold, der nach Waifars Tod versuchte, Aquitanien in Besitz zu nehmen und den schon beinahe beendeten Krieg wieder aufzunehmen, das Land zu verlassen und ins Baskenland zu flüchten.[16] Er ließ es aber auch nicht zu, dass sich Hunold dort aufhalte, sondern überquerte die Garonne[17] und schickte Gesandte zum Baskenherzog Lupus,[18] die diesen zur Herausgabe des Flüchtlings aufforderten. Wenn das nicht sofort geschehe, werde er sich ihn mit Waffengewalt holen. Daraufhin wählte Lupus den klügeren Ausweg und lieferte nicht nur Hunold aus, sondern unterwarf auch sich selbst samt seiner ganzen Provinz dem König.

6. Nachdem dieser Krieg zu einem Ende geführt und die Angelegenheiten in Aquitanien geordnet waren – sein Genosse in der Königsherrschaft war aber bereits gestorben –, ließ sich Karl durch die Bitten und das Flehen von Hadrian, dem Bischof der Stadt Rom, dazu bewegen, den Langobar-

tra Langobardos suscepit. Quod prius quidem et a patre eius, Stephano papa supplicante, cum magna difficultate susceptum est; quia quidam e primoribus Francorum, cum quibus consultare solebat, adeo voluntati eius renisi sunt, ut se regem deserturos domumque redituros libera voce proclamarent. Susceptum tamen est tunc contra Haistulfum regem et celerrime conpletum. Sed licet sibi et patri belli suscipiendi similis ac potius eadem causa subesse videretur, haud simili tamen et labore certatum et fine constat esse conpletum. Pippinus siquidem Haistulfum regem paucorum dierum obsidione apud Ticenum conpulit et obsides dare et erepta Romanis oppida atque castella restituere atque, ut reddita non repeterentur, sacramento fidem facere; Karolus vero post inchoatum a se bellum non prius destitit, quam et Desiderium regem, quem longa obsidione fatigaverat, in deditionem susciperet, filium eius Adalgisum, in quem spes omnium inclinatae videbantur, non solum regno, sed etiam Italia excedere conpelleret, omnia Romanis erepta restitueret, Hruodgausum Foroiuliani ducatus praefectum res novas molientem opprimeret totamque Italiam suae ditioni subiugaret subactaeque filium suum Pippinum regem inponeret. Italiam intranti quam difficilis Alpium transitus fuerit, quantoque Francorum labore invia montium iuga et eminentes in caelum scopuli atque aspe-

den den Krieg zu erklären.[19] Diesen Krieg hatte schon früher einmal Karls Vater Pippin auf Ersuchen des Papstes Stephan hin begonnen,[20] jedoch mit großen Schwierigkeiten, denn gewisse unter den Großen der Franken, mit denen er Rat zu halten pflegte, hatten sich seinem Vorhaben so entschieden widersetzt, dass sie öffentlich erklärten, sie würden den König verlassen und nach Hause zurückkehren. Trotzdem wurde damals der Feldzug gegen König Aistulf begonnen und sehr schnell abgeschlossen. Obwohl Karl einen ähnlichen oder sogar denselben Grund zum Krieg zu haben schien wie sein Vater, war der jetzige Feldzug mit ganz anderen Schwierigkeiten verbunden und nahm auch einen anderen Ausgang. Denn nach kurzer Belagerung der Stadt Pavia zwang Pippin den König, Geiseln zu stellen, die den Römern entrissenen Städte und Burgen zurückzustellen und einen Eid zu schwören, dass er sie nicht wieder zurückfordern würde. Karl dagegen ließ nach seiner Kriegserklärung nicht eher ab, bis er den König Desiderius, durch eine lange Belagerung erschöpft, gezwungen hatte, sich bedingungslos zu unterwerfen,[21] dessen Sohn Adalgis, auf den alle ihre ganze Hoffnung gesetzt hatten, nicht nur aus seinem Königreich,[22] sondern auch aus Italien, vertrieben, den Römern alles, was ihnen entrissen worden war, zurückgegeben, den Aufstandsversuch des Herzogs Hruodgaud von Friaul unterdrückt[23] und ganz Italien seiner Herrschaft unterworfen und seinen Sohn Pippin zum König über das besiegte Land eingesetzt hatte. Ich sollte an dieser Stelle eigentlich beschreiben, wie schwierig für Karl bei seinem Zug nach Italien der Übergang über die Alpen war und welche Strapazen die Franken auszustehen hatten, als sie die unwegsamen Bergrücken, die hochragenden Felsen

rae cautes superatae sint, hoc loco describerem, nisi vitae illius modum potius quam bellorum, quae gessit, eventus memoriae mandare praesenti opere animo esset propositum. Finis tamen huius belli fuit subacta Italia et rex Desiderius perpetuo exilio deportatus et filius eius Adalgisus Italia pulsus et res a Langobardorum regibus ereptae Hadriano Romanae ecclesiae rectori restitutae.

7. Post cuius finem Saxonicum, quod quasi intermissum videbatur, repetitum est. Quo nullum neque prolixius neque atrocius Francorumque populo laboriosius susceptum est; quia Saxones, sicut omnes fere Germaniam incolentes nationes, et natura feroces et cultui daemonum dediti nostraeque religioni contrarii neque divina neque humana iura vel polluere vel transgredi inhonestum arbitrabantur. Suberant et causae, quae cotidie pacem conturbare poterant, termini videlicet nostri et illorum poene ubique in plano contigui, praeter pauca loca, in quibus vel silvae maiores vel montium iuga interiecta utrorumque agros certo limite disterminant, in quibus caedes et rapinae et incendia vicissim fieri non cessabant. Quibus adeo Franci sunt irritati, ut non iam vicissitudinem reddere, sed apertum contra eos bellum suscipere dignum iudicarent. Susceptum est igitur adversus eos bellum, quod magna utrimque animositate, tamen maiore Saxonum quam Francorum damno, per con-

und zerklüfteten Gipfel überschritten, doch beabsichtige ich nicht, hier den Verlauf der einzelnen Kriege aufzuzeichnen, sondern vielmehr Karls Lebensweise zu schildern. Der Krieg gegen die Langobarden endete also mit der Unterwerfung Italiens, der lebenslänglichen Verbannung des Königs Desiderius, der Vertreibung seines Sohnes Adalgis aus Italien und der Rückgabe der von den langobardischen Königen geraubten Güter an Hadrian, den Lenker der römischen Kirche.

7. Danach wurde der Krieg gegen die Sachsen wieder aufgenommen, den Karl in der Zwischenzeit nur unterbrochen hatte.[24] Kein anderer Krieg ist von den Franken mit ähnlicher Ausdauer, Erbitterung und Mühe geführt worden wie dieser. Denn die Sachsen waren – wie fast alle germanischen Stämme – ein wildes Volk, das Götzen anbetete und unserer Religion feindlich gesinnt war; auch hielten sie es nicht für unehrenhaft, alle göttlichen und menschlichen Gesetze schändlich zu verletzen und zu übertreten. Dazu kamen noch weitere Umstände, die dazu geeignet waren, jeden Tag den Frieden zu stören. Abgesehen von einigen Stellen, wo große Wälder oder dazwischenliegende Bergrücken eine deutliche Grenzlinie bilden, verliefen die Grenzen zwischen unserem und ihrem Gebiet fast ausschließlich durch flaches Land. Mord, Raub und Brandstiftungen nahmen daher auf beiden Seiten kein Ende. Dadurch wurden die Franken derart verbittert, dass sie es für richtig hielten, nicht mehr länger Gleiches mit Gleichem zu vergelten, sondern gegen die Sachsen einen offenen Krieg anzufangen. Der Krieg begann also und wurde ununterbrochen dreiunddreißig Jahre lang mit großer Erbitterung auf beiden Seiten geführt, wobei die Sachsen aber viel größere

tinuos triginta tres annos gerebatur. Poterat siquidem citius finiri, si Saxonum hoc perfidia pateretur. Difficile dictu est, quoties superati ac supplices regi se dediderunt, imperata facturos polliciti sunt, obsides qui imperabantur absque dilatione dederunt, legatos qui mittebantur susceperunt, aliquoties ita domiti et emolliti, ut etiam cultum daemonum dimittere et Christianae religioni se subdere velle promitterent. Sed sicut ad haec facienda aliquoties proni, sic ad eadem pervertenda semper fuere praecipites, non sit ut satis aestimare, ad utrum horum faciliores verius dici possint; quippe cum post inchoatum cum eis bellum vix ullus annus exactus sit, quo non ab eis huiuscemodi facta sit permutatio. Sed magnanimitas regis ac perpetua tam in adversis quam in prosperis mentis constantia nulla eorum mutabilitate vel vinci poterat vel ab his quae agere coeperat defatigari. Nam numquam eos huiuscemodi aliquid perpetrantes inpune ferre passus est, quin aut ipse per se ducto aut per comites suos misso exercitu perfidiam ulcisceretur et dignam ab eis poenam exigeret, usque dum, omnibus qui resistere solebant profligatis et in suam potestatem redactis, decem milia hominum ex his qui utrasque ripas Albis fluminis incolebant cum uxoribus et parvulis sublatos transtulit et huc atque illuc per Galliam et Germaniam multimoda divisione distribuit. Eaque conditione a rege propo-

Verluste als die Franken erlitten. Er hätte zweifellos früher beendet werden können, wenn dies die Treulosigkeit der Sachsen zugelassen hätte. Es lässt sich kaum beschreiben, wie oft sie besiegt wurden und sich flehentlich dem König unterwarfen, wie oft sie versprachen, den Befehlen zu gehorchen, sofort die geforderten Geiseln stellten und vom König abgesandte Boten willig aufnahmen. Einige Male waren sie schon so unterwürfig und schwach gemacht worden, dass sie gelobten, sie wollten den Götzendienst aufgeben und das Christentum annehmen. Obwohl sie mehrmals bereit gewesen waren, all dem nachzukommen, hatten sie es meist auch ebenso eilig, das Versprochene nicht zu halten. Ja, es ist schwer zu sagen, welche von beiden Handlungen ihnen leichter fiel, denn von Beginn des Krieges an verging kaum ein Jahr, in dem bei ihnen nicht ein solcher Wechsel stattfand. In seinem hohen Sinn und in seiner im Glück ebenso wie im Unglück bleibenden Standhaftigkeit aber ließ sich der König durch ihren ständigen Wankelmut weder besiegen noch von dem, was er sich vorgenommen hatte, abbringen. Im Gegenteil, wenn sie auf diese Weise etwas erreicht hatten, gestattete er niemals, dass sie ungestraft blieben, sondern zog entweder persönlich gegen sie ins Feld oder schickte seine Grafen mit einer Armee, um Rache für ihr treuloses Verhalten zu nehmen und gerechte Sühne zu fordern.[25] Schließlich führte er, nachdem er alle, die ihm Widerstand geleistet hatten, besiegt und unterjocht hatte, zehntausend Sachsen, die an beiden Ufern der Elbe gewohnt hatten, samt Frauen und Kindern aus ihrer Heimat fort und siedelte sie in viele Gruppen aufgeteilt verstreut in ganz Gallien und Germanien an. Der Krieg, der sich über so viele Jahre hingezogen hatte, fand erst dann

sita et ab illis suscepta tractum per tot annos bellum constat esse finitum, ut, abiecto daemonum cultu et relictis patriis caerimoniis, Christianae fidei atque religionis sacramenta susciperent et Francis adunati unus cum eis populus efficerentur.

8. Hoc bello, licet per multum temporis spatium traheretur, ipse non amplius cum hoste quam bis acie conflixit, semel iuxta montem qui Osneggi dicitur in loco Theotmelli nominato et iterum apud Hasa fluvium, et hoc uno mense, paucis quoque interpositis diebus. His duobus proeliis hostes adeo profligati ac devicti sunt, ut ulterius regem neque provocare neque venienti resistere, nisi aliqua loci munitione defensi, auderent. Plures tamen eo bello tam ex nobilitate Francorum quam Saxonum et functi summis honoribus viri consumpti sunt. Tandemque anno tricesimo tertio finitum est, cum interim tot ac tanta in diversis terrarum partibus bella contra Francos et exorta sint et sollertia regis administrata, ut merito intuentibus in dubium venire possit, utrum in eo aut laborum patientiam aut felicitatem potius mirari conveniat. Nam biennio ante Italicum hoc bellum sumpsit exordium, et cum sine intermissione gereretur, nihil tamen ex his quae aliubi erant gerenda dimissum aut ulla in parte ab aeque operoso certamine cessatum est. Nam rex, omnium qui sua aetate gentibus dominabantur et prudentia maximus et animi magnitudine praestantissimus, nihil in his quae vel suscipienda erant vel exsequenda aut propter laborem detractavit aut propter pericu-

einen endgültigen Abschluss, als die Sachsen die Bedingungen des Königs annahmen: Sie hatten ihren religiösen Bräuchen und dem Götzendienst abzuschwören, mussten die christliche Religion und die heiligen Sakramente annehmen und sich mit den Franken zu einem Volksverband vereinigen.

8. Obwohl sich dieser Krieg über einen langen Zeitraum hinzog, kämpfte Karl selbst lediglich zweimal mit dem Feind in offener Feldschlacht, und zwar innerhalb eines Monats binnen weniger Tage – das erste Mal am Berg Osning bei dem Ort, der Detmold genannt wird, das zweite Mal am Ufer des Flusses Hase.[26] Die Feinde erlitten in diesen beiden Schlachten eine derartige Niederlage, dass sie es danach nie wieder wagten, den König herauszufordern oder seinem Angriff zu widerstehen, wenn ihnen nicht die Örtlichkeit Schutz bot. In diesem Krieg fielen zahlreiche fränkische und sächsische Adelige, darunter die höchsten Würdenträger. Nach dreiunddreißig Jahren ging er schließlich zu Ende, nachdem inzwischen so viele und so große Kriege in verschiedenen Teilen des Reichs gegen die Franken erklärt und unter der geschickten Leitung des Königs zum Abschluss gebracht worden waren, dass man in Anbetracht dessen sich zu Recht fragen mag, ob die Ausdauer oder das große Kriegsglück des Königs bewundernswerter ist. Denn der Krieg gegen die Sachsen brach zwei Jahre vor dem italienischen Krieg aus;[27] und obwohl er ohne Unterbrechung fortdauerte,[28] wurde doch nichts von den anderswo drängenden Geschäften vernachlässigt, noch wurden andere, ebenso aufreibende Kriege unterlassen. Der König nämlich, der alle Herrscher seiner Zeit an Weisheit und Seelengröße überragte, ließ sich durch keine Schwierigkei-

lum exhorruit, verum unumquodque secundum suam qualitatem et subire et ferre doctus nec in adversis cedere nec in prosperis falso blandienti fortunae adsentiri solebat.

9. Cum enim assiduo ac poene continuo cum Saxonibus bello certaretur, dispositis per congrua confiniorum loca praesidiis, Hispaniam quam maximo poterat belli apparatu adgreditur; saltuque Pyrinei superato, omnibus, quae adierat, oppidis atque castellis in deditionem acceptis, salvo et incolomi exercitu revertitur; praeter quod in ipso Pyrinei iugo Wasconicam perfidiam parumper in redeundo contigit experiri. Nam cum agmine longo, ut loci et angustiarum situs permittebat, porrectus iret exercitus, Wascones in summi montis vertice positis insidiis – est enim locus ex opacitate silvarum, quarum ibi maxima est copia, insidiis ponendis oportunus – extremam impedimentorum partem et eos qui novissimi agminis incedentes subsidio praecedentes tuebantur desuper incursantes in subiectam vallem deiciunt, consertoque cum eis proelio usque ad unum omnes interficiunt, ac direptis impedimentis, noctis beneficio, quae iam instabat, protecti summa cum celeritate in diversa disperguntur. Adiuvabat in hoc facto Wascones et levitas armorum et loci, in quo res gerebatur, situs, econtra Francos et armorum gravitas et loci iniquitas per omnia Wasconibus reddidit impares. In quo proelio Eggihardus regiae mensae praepositus, Anshelmus comes palatii [et

ten oder Gefahren von etwas, das in Angriff zu nehmen oder zu Ende zu führen war, abhalten, sondern er hatte sich daran gewöhnt, alles, wie es kam, zu ertragen und zu bestehen, im Unglück nicht nachzugeben und sich im Glück nicht auf das trügerische Schicksal zu verlassen.

9. Während des unaufhörlich und beinahe ohne Unterbrechung mit den Sachsen geführten Krieges ließ er die Grenzen an geeigneten Stellen durch Befestigungen verstärken und griff dann mit der größten Kriegsmacht, die ihm zur Verfügung stand, Spanien an. Er überquerte die Pyrenäen, und alle Städte und Burgen, die er belagerte, unterwarfen sich ihm. Er kehrte dann ohne Verluste mit seinem Heer wieder heim, lediglich in den Pyrenäen selbst musste er auf seinem Rückmarsch etwas von der Treulosigkeit der Basken erfahren. Diese Gegend ist nämlich wegen ihrer dichten Wälder für Überfälle aus dem Hinterhalt sehr geeignet. Als die Armee in einer lang ausgestreckten Reihe – die engen Bergpfade ließen es nicht anders zu – daherzog, griffen die Basken, die sich auf einer sehr hohen Bergspitze in einen Hinterhalt gelegt hatten, den hintersten Teil des Trosses und die diesen schützende Nachhut an und drängten sie, von oben heranstürzend, ins Tal hinunter. In dem Kampf, der nun folgte, wurden die Franken bis auf den letzten Mann niedergemacht, die Basken plünderten das Gepäck und zerstreuten sich dann unter dem Schutz der hereinbrechenden Nacht schnell in alle Richtungen. Ihre leichte Bewaffnung und die günstige Beschaffenheit des Kampfplatzes gereichte den Basken dabei sehr zum Vorteil; die Franken dagegen waren wegen ihrer schweren Bewaffnung und der für sie ungünstigen Örtlichkeit in jeder Hinsicht im Nachteil. Bei dem Überfall fielen der königliche

Hruodlandus Brittannici limitis praefectus] cum aliis conpluribus interficiuntur. Neque hoc factum ad praesens vindicari poterat, quia hostis re perpetrata ita dispersus est, ut ne fama quidem remaneret, ubinam gentium quaeri potuisset.

10. Domuit et Brittones, qui ad occidentem in extrema quadam parte Galliae super litus oceani residentes dicto audientes non erant, missa in eos expeditione, qua et obsides dare et quae imperarentur se facturos polliceri coacti sunt. Ipse postea cum exercitu Italiam ingressus ac per Romam iter agens Capuam Campaniae urbem accessit atque ibi positis castris bellum Beneventanis, ni dederentur, comminatus est. Praevenit hoc dux gentis Aragisus: filios suos Rumoldum et Grimoldum cum magna pecunia obviam regi mittens rogat, ut filios obsides suscipiat, seque cum gente imperata facturum pollicetur, praeter hoc solum, si ipse ad conspectum venire cogeretur. Rex, utilitate gentis magis quam animi eius obstinatione considerata, et oblatos sibi obsides suscepit eique, ut ad conspectum venire non cogeretur, pro magno munere concessit; unoque ex filiis, qui minor erat, obsidatus gratia retento, maiorem patri remisit; legatisque ob sacramenta fidelitatis a Beneventanis exigenda atque suscipienda cum Aragiso dimissis Romam redit, consumptisque ibi in sanctorum veneratione locorum aliquot diebus in Galliam revertitur.

Truchsess Ekkehard, Pfalzgraf Anselm, [Markgraf Roland von Bretagne] und noch viele andere.[29] Bis heute konnte das unselige Geschehen nicht gerächt werden, da sich der Feind nach vollbrachter Tat so weit verstreute, dass man nicht die geringste Ahnung hatte, wo man ihn hätte suchen können.

10. Karl unterwarf auch die Bretonen, die im westlichsten Teil Galliens an der Meeresküste wohnen und sich weigerten, ihm zu gehorchen; er sandte ein Heer gegen sie und zwang sie, Geiseln zu stellen und zu versprechen, seinen Geboten gehorsam nachzukommen.[30] Danach marschierte er selbst mit seiner Armee nach Italien und zog über Rom nach Capua, einer Stadt in Kampanien. Dort schlug er sein Lager auf und drohte den Beneventern mit einem Angriff, falls sie sich ihm nicht unterwürfen.[31] Herzog Aregis ließ es aber nicht so weit kommen: Er schickte dem König seine zwei Söhne Rumold und Grimold mit einer großen Geldsumme und bat ihn, die beiden als Geiseln anzunehmen, und zugleich versprach er, er und sein Volk würden den Befehlen des Königs gehorchen, unter der einen Bedingung, dass er selbst nicht vor Karl erscheinen müsse. Der König, dem mehr am Wohl des Volkes lag als daran, den Starrsinn des Herzogs zu beugen, nahm die angebotenen Geiseln an, erließ es Aregis in Anbetracht der hohen Geldsumme, persönlich zu erscheinen, und behielt von den beiden Söhnen nur den jüngeren als Geisel bei sich, den älteren sandte er dem Vater zurück. Nachdem er endlich Boten zu Aregis geschickt hatte, die dem Herzog und den Beneventern den Treueschwur abnahmen, zog er wieder nach Rom. Dort blieb er mehrere Tage, um an den heiligen Stätten seine Andacht zu verrichten, und kehrte dann nach Gallien zurück.

11. Baioaricum deinde bellum et repente ortum et celeri fine conpletum est. Quod superbia simul ac socordia Tassilonis ducis excitavit; qui hortatu uxoris, quae filia Desiderii regis erat ac patris exilium per maritum ulcisci posse putabat, iuncto foedere cum Hunis, qui Baioariis sunt ab oriente contermini, non solum imperata non facere, sed bello regem provocare temptabat. Cuius contumaciam, quia nimia videbatur, animositas regis ferre nequiverat, ac proinde copiis undique contractis Baioariam petiturus ipse ad Lechum amnem cum magno venit exercitu. Is fluvius Baioarios ab Alamannis dividit. Cuius in ripa castris conlocatis, priusquam provinciam intraret, animum ducis per legatos statuit experiri. Sed nec ille pertinaciter agere vel sibi vel genti utile ratus supplex se regi permisit, obsides qui imperabantur dedit, inter quos et filium suum Theodonem, data insuper fide cum iuramento, quod ab illius potestate ad defectionem nemini suadenti adsentire deberet. Sicque bello, quod quasi maximum futurum videbatur, celerrimus est finis inpositus. Tassilo tamen postmodum ad regem evocatus neque redire permissus, neque provincia, quam tenebat, ulterius duci, sed comitibus ad regendum commissa est.

11. Dann brach plötzlich der Krieg gegen die Bayern aus, der jedoch schnell beendet wurde.[32] Den Krieg heraufbeschworen hatte der Übermut und die Torheit des Herzogs Tassilo. Dieser schloss, angestachelt von seiner Gemahlin – einer Tochter des Königs Desiderius, die mit Hilfe ihres Gatten die Verbannung ihres Vaters rächen wollte –, mit den Hunnen, den östlichen Nachbarn der Bayern, ein Bündnis und vermaß sich dann, den Befehlen des Königs nicht nur nicht zu gehorchen, sondern ihn zu einem Krieg zu provozieren.[33] Die Geduld des Königs konnte nun Tassilos übergroße Anmaßung nicht ertragen; daher zog er unverzüglich seine Truppen von allen Seiten zu einem Feldzug gegen die Bayern zusammen und erschien selbst mit einem großen Heer am Fluss Lech. Dieser bildet die Grenze zwischen den Bayern und den Alemannen. Nachdem er sein Lager am Ufer aufgeschlagen hatte, beschloss er, die Gesinnung des Herzogs noch einmal durch Gesandte zu erproben, ehe er in dessen Land einmarschierte. Tassilo hielt es nun im eigenen wie im Interesse seines Volkes für unklug, dem König weiterhin zu trotzen, ergab sich demütig, stellte die geforderten Geiseln – darunter auch sein Sohn Theodo – und schwor überdies einen Eid, dass er sich durch niemanden mehr zu einem Abfall von seinem Bündnis mit dem König verleiten lassen würde. Und so wurde dem Krieg, der zu Beginn die Gefahr in sich zu bergen schien, sich sehr auszuwachsen, schnell ein Ende gemacht. Tassilo wurde trotzdem später zum König gerufen und durfte nicht wieder heimkehren; die Regierung der Provinz, die er innegehabt hatte, wurde danach nicht mehr einem Herzog, sondern mehreren Grafen anvertraut.[34]

12. His motibus ita conpositis, Sclavis, qui nostra consuetudine Wilzi, proprie vero, id est sua locutione, Welatabi dicuntur, bellum inlatum est. In quo et Saxones velut auxiliares inter ceteras nationes, quae regis signa iussae sequebantur, quamquam ficta et minus devota oboedientia, militabant. Causa belli erat, quod Abodritos, qui cum Francis olim foederati erant, adsidua incursione lacessebant nec iussionibus coerceri poterant. Sinus quidam ab occidentali oceano orientem versus porrigitur, longitudinis quidem inconpertae, latitudinis vero quae nusquam centum milia passuum excedat, cum in multis locis contractior inveniatur. Hunc multae circumsedent nationes; Dani siquidem ac Sueones, quos Nordmannos vocamus, et septentrionale litus et omnes in eo insulas tenent. At litus australe Sclavi et Aisti et aliae diversae incolunt nationes; inter quos vel praecipui sunt, quibus tunc a rege bellum inferebatur, Welatabi. Quos ille una tantum et quam per se gesserat expeditione ita contudit ac domuit, ut ulterius imperata facere minime rennuendum iudicarent.

13. Maximum omnium, quae ab illo gesta sunt, bellorum praeter Saxonicum huic bello successit, illud videlicet, quod contra Avares sive Hunos susceptum est. Quod ille et animosius quam cetera et longe maiori apparatu administravit. Unam tamen per se in Pannoniam – nam hanc provinciam ea gens tum incolebat – expeditionem fecit, cetera filio suo Pippino ac praefectis provinciarum, comitibus eti-

12. Sobald diese Aufstände unterdrückt worden waren, wurden die Slawen, die bei uns gewöhnlich Wilzen heißen, die man in ihrer eigenen Sprache aber richtiger Welataben nennt, mit Krieg überzogen.[35] In diesem Feldzug kämpften die Sachsen als Hilfstruppen wie die anderen Stämme, die der König aufgeboten hatte, wenngleich in vorgespieltem und wenig treuem Gehorsam. Der Grund für den Krieg war, dass die Slawen die Abodriten,[36] die alte Verbündete der Franken waren, durch dauernde Einfälle belästigten und sich durch keine Drohungen abhalten ließen. Ein Golf von unbekannter Länge erstreckt sich vom Westmeer in östlicher Richtung;[37] er ist an keiner Stelle breiter als hunderttausend Schritt [ca. 1500 km],[38] an vielen Stellen sogar wesentlich enger. An seinen Ufern sind zahlreiche Stämme ansässig: Die Dänen und Schweden, die wir die Normannen nennen, bewohnen die nördliche Küste und alle darin [im Golf] gelegenen Inseln, die südliche Küste aber besiedeln die Slawen, Esten[39] und andere Stämme; der wichtigste Stamm unter ihnen waren die Welataben, gegen die der König jetzt Krieg führte. Karl schlug sie in einem einzigen Feldzug, den er selbst führte, so vollständig und vernichtend, dass sie es für ratsam hielten, sich nie wieder zu weigern, seine Befehle auszuführen.

13. Der größte Krieg, den Karl führte, war, der Sachsenkrieg ausgenommen, der nun folgende, den er gegen die Awaren oder Hunnen begann. Er führte ihn mit größerem Eifer und mit weitaus größeren Zurüstungen als alle anderen. Persönlich leitete er indes nur den Feldzug nach Pannonien – dieses Land bewohnte nämlich damals jenes Volk –, alle übrigen überließ er seinem Sohn Pippin und den Statthaltern der Provinzen, den Grafen und sogar den

am atque legatis perficienda commisit. Quod cum ab his strenuissime fuisset administratum, octavo tandem anno conpletum est. Quot proelia in eo gesta, quantum sanguinis effusum sit, testatur vacua omni habitatore Pannonia et locus, in quo regia kagani erat, ita desertus, ut ne vestigium quidem in eo humanae habitationis appareat. Tota in hoc bello Hunorum nobilitas periit, tota gloria decidit. Omnis pecunia et congesti ex longo tempore thesauri direpti sunt. Neque ullum bellum contra Francos exortum humana potest memoria recordari, quo illi magis ditati et opibus aucti sint. Quippe cum usque in id temporis poene pauperes viderentur, tantum auri et argenti in regia repertum, tot spolia pretiosa in proeliis sublata, ut merito credi possit hoc Francos Hunis iuste eripuisse, quod Huni prius aliis gentibus iniuste eripuerunt. Duo tantum ex proceribus Francorum eo bello perierunt: Ericus dux Foroiulanus in Liburnia iuxta Tharsaticam maritimam civitatem insidiis oppidanorum interceptus, et Geroldus Baioariae praefectus in Pannonia, cum contra Hunos proeliaturus aciem strueret, incertum a quo, cum duobus tantum, qui eum obequitantem ac singulos hortantem comitabantur, interfectus est. Ceterum incruentum poene Francis hoc bellum fuit et prosperrimum exitum habuit, tametsi diutius sui magnitudine traheretur. Post quod et Saxonicum suae prolixitati conve-

Unterfeldherren. Obwohl diese den Krieg mit großer Tatkraft führten, nahm er erst im achten Jahr ein Ende.[40] Wie viele Schlachten während seiner Dauer geschlagen, wie viel Blut vergossen wurde, davon zeugen das völlig menschenleere Pannonien und der Platz, wo der Palast des Khans sich befunden hat, der in einem solchen Ausmaß verwüstet wurde, dass sich dort nicht einmal mehr eine Spur menschlicher Besiedlung findet. In diesem Krieg ging der gesamte hunnische Adel zugrunde, all ihr Ruhm verging, das gesamte Geld und die im Laufe vieler Jahre angesammelten Schätze wurden Beutegut der Franken. Seit Menschengedenken kann man sich an keinen Krieg erinnern, in dem diese durch erbeutete Schätze und Reichtümer mehr bereichert wurden. Bis dahin wurden sie allgemein für ein armes Volk gehalten, im Palast des Khans fand man jedoch eine so große Menge an Gold und Silber, und sie machten in den Schlachten so viel an kostbarer Beute, dass man mit Recht annehmen kann, die Franken hätten den Hunnen rechtmäßig das weggenommen, was diese früher anderen Völkern unrechtmäßig geraubt hatten. Von den Großen der Franken fielen in diesem Krieg nur zwei: Herzog Erich von Friaul kam in der liburnischen Küstenstadt Tersato in einem von den Bewohnern gestellten Hinterhalt um;[41] der Statthalter Gerold von Bayern[42] wurde, als er die Schlachtreihe für ein bevorstehendes Treffen mit den Hunnen aufstellte und die Reihen entlangreitend die einzelnen Männer anfeuerte, zusammen mit zwei Begleitern getötet; man weiß nicht, von wem. Sonst verlief der Krieg für die Franken fast ganz ohne Verluste und hatte einen äußerst günstigen Ausgang, wenn er sich auch wegen seiner Größe längere Zeit hinzog. Danach wurde auch der Sachsenkrieg zu einem sei-

nientem finem accepit. Boemanicum quoque et Linonicum, quae postea exorta sunt, diu durare non potuerunt. Quorum utrumque ductu Karoli iunioris celeri fine conpletum est.

14. Ultimum contra Nordmannos, qui Dani vocantur, primo pyraticam exercentes, deinde maiori classe litora Galliae atque Germaniae vastantes, bellum susceptum est. Quorum rex Godofridus adeo vana spe inflatus erat, ut sibi totius Germaniae promitteret potestatem. Frisiam quoque atque Saxoniam haud aliter atque suas provincias aestimabat. Iam Abodritos, vicinos suos, in suam ditionem redegerat, iam eos sibi vectigales fecerat. Iactabat etiam se brevi Aquasgrani, ubi regis comitatus erat, cum maximis copiis adventurum. Nec dictis eius, quamvis vanissimis, omnino fides abnuebatur, quin potius putaretur tale aliquid inchoaturus, nisi festinata fuisset morte praeventus. Nam a proprio satellite interfectus et suae vitae et belli a se inchoati finem acceleravit.

15. Haec sunt bella, quae rex potentissimus per annos XLVII – tot enim annis regnaverat – in diversis terrarum partibus summa prudentia atque felicitate gessit. Quibus regnum Francorum, quod post patrem Pippinum magnum quidem et forte susceperat, ita nobiliter ampliavit, ut poene duplum illi adiecerit. Nam cum prius non amplius quam ea pars Galliae, quae inter Rhenum et Ligerem oceanumque ac

ner langen Dauer angemessenen Abschluss gebracht. Die folgenden böhmischen und linonischen Feldzüge konnten nicht lange währen; beide fanden unter der Führung des jüngeren Karl eine schnelle Beendigung.[43]

14. Seinen letzten Feldzug unternahm Karl gegen die Normannen, die auch Dänen genannt werden und anfänglich Piraterie betrieben, dann mit Hilfe einer größeren Flotte die Küsten Galliens und Germaniens verwüsteten. Ihr König Gottfried war von so eitler und übertriebener Hoffnung erfüllt, dass er sich die Herrschaft über ganz Germanien versprach. Sachsen und Friesland hielt er für Provinzen seines Reichs, die benachbarten Abodriten[44] hatte er seiner Herrschaft unterworfen und tributpflichtig gemacht. Er prahlte sogar, dass er demnächst mit einer gewaltigen Streitmacht vor Aachen erscheinen würde, wo der König seinen Hof hielt. Und doch wurde seinen Worten, mögen sie auch noch so prahlerisch gewesen sein, nicht ganz und gar der Glaube versagt; vielmehr glaubte man, er hätte etwas Derartiges unternommen, wenn ihn nicht ein frühzeitiger Tod daran gehindert hätte. Er wurde nämlich von einem seiner eigenen Leibwächter ermordet, und seinem Leben und dem von ihm begonnenen Krieg wurde so ein schnelles Ende bereitet.[45]

15. Das sind also die Kriege, die der mächtige König Karl während seiner siebenundvierzigjährigen Herrschaft in den verschiedensten Ländern mit großer Umsicht und großem Erfolg führte.[46] Er vergrößerte dadurch das Frankenreich, das er bereits groß und stark von seinem Vater Pippin übernommen hatte, beinahe um das Doppelte.[47] Denn während vorher die Oberherrschaft der Franken nicht mehr als den Teil Galliens, der zwischen Rhein und Loire, dem

mare Balearicum iacet, et pars Germaniae, quae inter Saxoniam et Danubium Rhenumque ac Salam fluvium, qui Thuringos et Sorabos dividit, posita a Francis qui Orientales dicuntur incolitur, et praeter haec Alamanni atque Baioarii ad regni Francorum potestatem pertinerent: ipse per bella memorata primo Aquitaniam et Wasconiam totumque Pyrinei montis iugum et usque ad Hiberum amnem, qui apud Navarros ortus et fertilissimos Hispaniae agros secans sub Dertosae civitatis moenia Balearico mari miscetur; deinde Italiam totam, quae ab Augusta Praetoria usque in Calabriam inferiorem, in qua Graecorum ac Beneventanorum constat esse confinia, decies centum et eo amplius passuum milibus longitudine porrigitur; tum Saxoniam, quae quidem Germaniae pars non modica est et eius quae a Francis incolitur duplum in lato habere putatur, cum ei longitudine possit esse consimilis; post quam utramque Pannoniam et adpositam in altera Danubii ripa Daciam, Histriam quoque et Liburniam atque Dalmaciam, exceptis maritimis civitatibus, quas ob amicitiam et iunctum cum eo foedus Constantinopolitanum imperatorem habere permisit; deinde omnes barbaras ac feras nationes, quae inter Rhenum ac Visulam fluvios oceanumque ac Danubium positae, lingua quidem poene similes, moribus vero atque habitu valde dissimiles, Germaniam incolunt, ita perdomuit, ut eas tributarias efficeret; inter quas fere praecipuae sunt Welatabi, Sorabi, Abodriti, Boemani – cum his namque bello conflixit; ceteras, quarum multo maior est numerus, in deditionem suscepit.

Ozean und dem balearischen Meer liegt, sowie den Teil Germaniens, der von den sogenannten Ostfranken bewohnt wird und zwischen Sachsen und der Donau, dem Rhein und der Saale liegt, die die Thüringer von den Sorben trennt, und schließlich das Land der Alemannen und Bayern umfasste, unterwarf Karl durch die oben erwähnten Kriege zuerst Aquitanien, das Baskenland und das ganze Pyrenäengebiet bis zum Fluss Ebro, der in Navarra entspringt, durch den fruchtbarsten Teil Spaniens fließt und vor den Mauern der Stadt Tortosa in das westliche Mittelmeer mündet; er eroberte ferner ganz Italien von Aosta bis ins untere Kalabrien, wo die Grenze zwischen den Beneventern und den Griechen verläuft – eine Ausdehnung von über tausend Meilen [über 1500 km]; dann Sachsen, das keinen geringen Teil Germaniens einnimmt und wohl doppelt so breit und ebenso lang wie das Gebiet ist, das von den Franken bewohnt wird; weiterhin beide Teile Pannoniens, das am anderen Donau-Ufer gelegene Dazien, Istrien, Liburnien und Dalmatien – mit Ausnahme der Küstenstädte, die er dem Kaiser von Konstantinopel aus Freundschaft und wegen eines gemeinsamen Übereinkommens überließ;[48] endlich alle wilden Barbarenstämme, die in Germanien zwischen dem Rhein und der Weichsel, dem Ozean und der Donau wohnen und die fast alle dieselbe Sprache sprechen, sich aber durch verschiedene Bräuche und Sitten sehr voneinander unterscheiden – diese alle machte er so seiner Herrschaft untertan, dass sie tributpflichtig wurden. Die wichtigsten von ihnen sind die Welataben, Sorben, Abodriten und Böhmen;[49] mit diesen musste er Kriege führen. Die viel zahlreicheren anderen Stämme jedoch unterwarfen sich ihm freiwillig.

16. Auxit etiam gloriam regni sui quibusdam regibus ac gentibus per amicitiam sibi conciliatis. Adeo namque Hadefonsum Galleciae atque Asturicae regem sibi societate devinxit, ut is, cum ad eum vel litteras vel legatos mitteret, non aliter se apud illum quam proprium suum appellari iuberet. Scottorum quoque reges sic habuit ad suam voluntatem per munificentiam inclinatos, ut eum numquam aliter nisi dominum seque subditos et servos eius pronuntiarent. Extant epistolae ab eis ad illum missae, quibus huiusmodi affectus eorum erga illum indicatur. Cum Aaron rege Persarum, qui excepta India totum poene tenebat orientem, talem habuit in amicitia concordiam, ut is gratiam eius omnium, qui in toto orbe terrarum erant, regum ac principum amicitiae praeponeret solumque illum honore ac munificentia sibi colendum iudicaret. Ac proinde, cum legati eius, quos cum donariis ad sacratissimum Domini ac salvatoris nostri sepulchrum locumque resurrectionis miserat, ad eum venissent et ei domini sui voluntatem indicassent, non solum quae petebantur fieri permisit, sed etiam sacrum illum et salutarem locum, ut illius potestati adscriberetur, concessit; et revertentibus legatis suos adiungens inter vestes et aromata et ceteras orientalium terrarum opes ingentia illi dona direxit, cum ei ante paucos annos eum, quem tunc solum habebat, roganti mitteret elefantum. Imperatores etiam Constantinopolitani, Niciforus, Michahel et Leo, ultro amicitiam et societatem eius expetentes conplures ad eum misere legatos. Cum quibus tamen propter

16. Karl vermehrte aber auch den Ruhm seines Reichs durch seine freundschaftlichen Beziehungen mit vielen Königen und Völkern. König Alfons von Galizien und Asturien[50] war mit ihm durch eine so enge Freundschaft verbunden, dass er sich in Briefen und Botschaften an König Karl stets als dessen Vasallen bezeichnen ließ. Die Könige der Schotten[51] waren ihm durch seine Freigebigkeit so zu willen, dass sie ihn nie anders als ihren Herrn und sich seine Untertanen und Knechte nannten. Es haben sich bis heute Briefe von diesen an Karl erhalten, aus denen dieses Verhältnis deutlich wird. Seine Beziehungen zu König Harun von Persien,[52] der außer Indien fast den ganzen Orient beherrschte, waren so freundschaftlich, dass dieser Karls Gunst der Freundschaft aller anderen Könige und Machthaber des Erdkreises vorzog und ihn allein seiner Ehrerbietung und Geschenke für wert hielt. Als Karl nun Gesandte mit Opfergaben zum Heiligen Grab und zum Ort der Auferstehung unseres Herrn und Heilands geschickt hatte, diese dann zu Harun kamen und ihm die Wünsche ihres Herrn mitteilten, gewährte er ihnen nicht nur alle Bitten, sondern schenkte Karl auch die Herrschaft über diesen heiligen und heilbringenden Ort.[53] Den zurückkehrenden Gesandten schickte Harun dann auch seine eigenen mit, die neben Stoffen, Spezereien und anderen orientalischen Schätzen teure Geschenke überbrachten. Einige Jahre vorher hatte ihn Karl um einen Elefanten gebeten, und Harun hatte ihm damals seinen einzigen geschenkt.[54] Auch die Kaiser von Konstantinopel, Nikephorus, Michael und Leo,[55] warben um Karls Freundschaft und Bündnis und schickten ihm mehrere Botschafter. Als Karl schließlich den Kaisertitel annahm, hegten sie die große Befürchtung, er

susceptum a se imperatoris nomen et ob hoc eis, quasi qui imperium eis eripere vellet, valde suspectum foedus firmissimum statuit, ut nulla inter partes cuiuslibet scandali remaneret occasio. Erat enim semper Romanis et Grecis Francorum suspecta potentia. Unde et illud Grecum extat proverbium: *ΤΟΝ ΦΡΑΝΚΟΝ ΦΙΛΟΝ ΕΧΙC, ΓΙΤΟΝΑ ΟΥΚ ΕΧΙC.*

17. Qui cum tantus in ampliando regno et subigendis exteris nationibus existeret et in eiusmodi occupationibus assidue versaretur, opera tamen plurima ad regni decorem et commoditatem pertinentia diversis in locis inchoavit, quaedam etiam consummavit. Inter quae praecipua [fere] non inmerito videri possunt basilica sanctae Dei genitricis Aquisgrani opere mirabili constructa et pons apud Mogontiacum in Rheno quingentorum passuum longitudinis – nam tanta est ibi fluminis latitudo; qui tamen uno, antequam decederet, anno incendio conflagravit, nec refici potuit propter festinatum illius decessum, quamquam in ea meditatione esset, ut pro ligneo lapideum restitueret. Inchoavit et palatia operis egregii, unum haud longe a Mogontiaco civitate, iuxta villam cui vocabulum est Ingilenheim, alterum Noviomagi super Vahalem fluvium, qui Batavorum insulam a parte meridiana praeterfluit. Praecipue tamen aedes sacras ubicumque in toto regno suo vetustate conlapsas conperit, pontificibus et patribus, ad quorum curam pertinebant, ut restaurarentur, imperavit, adhibens curam per legatos, ut imperata perficerent. Molitus est et classem contra bellum Nordmannicum, aedificatis ad hoc

wolle ihnen die Herrschaft streitig machen, und misstrauten ihm. Damit aber kein Anlass zu einem Zerwürfnis zwischen beiden Teilen bestünde, schloss er sofort ein festes Bündnis mit ihnen. Die Macht der Franken wurde von den Griechen und Römern jedoch immer mit Misstrauen betrachtet, und daher stammt auch das griechische Sprichwort: »Der Franke soll dein Freund, nicht aber dein Nachbar sein.«

17. Indem er das Reich erweiterte und fremde Völker unterwarf und mit derlei Plänen ständig beschäftig war, erwies sich Karl als großer Herrscher. Er begann auch zahlreiche Bauwerke, die dem Königreich zur Zierde und zum Nutzen gereichten; einige vollendete er auch. Als die wichtigsten davon können [wohl] nicht zu Unrecht die Kirche der Heiligen Mutter Gottes in Aachen, die auf bewundernswerte Art und Weise gebaut wurde,[56] und die Rheinbrücke bei Mainz, die fünfhundert Schritt [ca. 750 m] lang war – der Strom ist nämlich an dieser Stelle so breit –, gelten. Ein Jahr vor Karls Tod brannte die Brücke ab[57] und konnte, da der König schon bald darauf starb, nicht wieder aufgebaut werden, obwohl er beabsichtigt hatte, die hölzerne durch eine steinerne zu ersetzen. Auch begann Karl mit dem Bau von zwei herrlichen Palästen: Der eine lag nicht weit von Mainz in der Nähe seines Gutes Ingelheim, der andere in Nimwegen am Fluss Waal, der südlich an der Bataverinsel vorbeifließt. Karls Hauptinteresse galt aber den Kirchen: Wenn er von alten und verfallenen Kirchen in seinem Reich erfuhr, befahl er den verantwortlichen Bischöfen und Äbten, sie wiederherzustellen,[58] und vergewisserte sich durch Boten, dass seine Befehle auch ausgeführt wurden. Er rüstete eine Kriegsflotte gegen die Normannen

navibus iuxta flumina, quae et de Gallia et de Germania septentrionalem influunt oceanum. Et quia Nordmanni Gallicum litus atque Germanicum assidua infestatione vastabant, per omnes portus et ostia fluminum, qua naves recipi posse videbantur, stationibus et excubiis dispositis, ne qua hostis exire potuisset, tali munitione prohibuit. Fecit idem a parte meridiana in litore provinciae Narbonensis ac Septimaniae, toto etiam Italiae litore usque Romam contra Mauros nuper pyraticam exercere adgressos; ac per hoc nullo gravi damno vel a Mauris Italia vel Gallia atque Germania a Nordmannis diebus suis adfecta est, praeter quod Centumcellae civitas Etruriae per proditionem a Mauris capta atque vastata est, et in Frisia quaedam insulae Germanico litori contiguae a Nordmannis depraedatae sunt.

18. Talem eum in tuendo et ampliando simulque ornando regno fuisse constat. Cuius animi dotes et summam in qualicumque et prospero et adverso eventu constantiam ceteraque ad interiorem atque domesticam vitam pertinentia iam abhinc dicere exordiar.

Post mortem patris cum fratre regnum partitus tanta patientia simultates et invidiam eius tulit, ut omnibus mirum videretur, quod ne ad iracundiam quidem ab eo provocari potuisset. Deinde cum matris hortatu filiam Desiderii regis Langobardorum duxisset uxorem, incertum qua de causa, post annum eam repudiavit et Hildigardam de gente Sua-

aus und ließ dazu an den Ufern der Flüsse, die von Gallien und Germanien in das nördliche Meer fließen, Schiffe bauen. Da die Normannen die gallischen und germanischen Küstengebiete ohne Unterlass überfielen und verheerten, stellte er in allen Häfen und an den Flussmündungen, die geeignet schienen, Schiffe aufzunehmen, Posten und Wachen auf und verhinderte durch solche Vorkehrungen das Anlanden der Feinde. Dieselben Maßnahmen traf er im Süden an den Küsten der Provence und von Septimanien[59] und an der ganzen italienischen Küste bis nach Rom gegen die Mauren, die sich damals gerade auf Piraterie verlegt hatten. Während seiner Regierungszeit erlitten so Italien vonseiten der Mauren, Gallien und Germanien vonseiten der Normannen nur wenig Schaden; nur die etrurische Stadt Civitavecchia wurde durch Verrat von den Mauren erobert und verwüstet und einige friesische Inseln an der germanischen Küste wurden von den Normannen geplündert.[60]

18. Dass Karl so sein Reich verteidigt, gemehrt und verschönert hat, ist also bekannt. Über seine geistigen Fähigkeiten und seine außergewöhnliche Standhaftigkeit im Glück wie im Unglück, ferner über Einzelheiten seines Privat- und Familienlebens werde ich von hier an berichten.[61]

Nach dem Tod seines Vaters ertrug er seines Bruders Unfreundlichkeit und Eifersucht während der gemeinsamen Regierungszeit mit so großer Geduld, dass man sich allgemein darüber wunderte, dass er sich von ihm nicht ein einziges Mal zu einem Zornausbruch hinreißen ließ. Sodann heiratete er auf Anraten seiner Mutter eine Tochter des Langobardenkönigs Desiderius;[62] aus unbekannten Gründen verstieß er sie nach einem Jahr und heiratete Hildegard

borum praecipuae nobilitatis feminam in matrimonium accepit; de qua tres filios, Karolum videlicet, Pippinum et Hludowicum, totidemque filias, Hruodtrudem et Berhtam et Gislam, genuit. Habuit et alias tres filias, Theoderadam et Hiltrudem et Hruodhaidem, duas de Fastrada uxore, quae de Orientalium Francorum, Germanorum videlicet, gente erat, tertiam de concubina quadam, cuius nomen modo memoriae non occurrit. Defuncta Fastrada Liutgardam Alamannam duxit, de qua nihil liberorum tulit. Post cuius mortem tres habuit concubinas, Gersuindam Saxonici generis, de qua ei filia nomine Adaltrud nata est, et Reginam, quae ei Drogonem et Hugum genuit, et Adallindem, ex qua Theodericum procreavit. Mater quoque eius Berhtrada in magno apud eum honore consenuit. Colebat enim eam cum summa reverentia, ita ut nulla umquam invicem sit exorta discordia, praeter in divortio filiae Desiderii regis, quam illa suadente acceperat. Decessit tandem post mortem Hildigardae, cum iam tres nepotes suos totidemque neptes in filii domo vidisset. Quam ille in eadem basilica, qua pater situs est, apud Sanctum Dionisium, magno cum honore fecit humari. Erat ei unica soror nomine Gisla, a puellaribus annis religiosae conversationi mancipata, quam similiter ut matrem magna coluit pietate. Quae etiam paucis ante obitum illius annis in eo, quo conversata est, monasterio decessit.

19. Liberos suos ita censuit instituendos, ut tam filii quam filiae primo liberalibus studiis, quibus et ipse operam dabat, erudirentur. Tum filios, cum primum aetas patiebatur, more Francorum equitare, armis ac venatibus exerceri

aus einer sehr edlen schwäbischen Familie. Er hatte mit ihr drei Söhne – Karl, Pippin und Ludwig – und ebenso viele Töchter – Rotrud, Berta und Gisela.[63] Er hatte noch drei weitere Töchter, Theoderada, Hildtrud und Rotheid, zwei von seiner Gemahlin Fastrada,[64] die aus dem östlichen Franken stammte und also Germanin war, die dritte von einer Kebse, deren Name mir im Augenblick nicht einfällt.[65] Als Fastrada starb, heiratete er die Alemannin Liutgard, die ihm keine Kinder zur Welt brachte.[66] Nach deren Tod nahm er sich drei Konkubinen:[67] Die Sächsin Gerswinda schenkte ihm Adeltrud, Regina war die Mutter von Drogo und Hugo, und mit Adelind zeugte er Theoderich.[68] Karls Mutter Bertrada verlebte ihre alten Tage in hohen Ehren bei ihm. Er behandelte sie immer mit größter Ehrfurcht, so dass es zwischen ihnen nie zu Unstimmigkeiten kam, außer als er sich von der Tochter des Königs Desiderius, die er auf ihren Rat hin geheiratet hatte, scheiden ließ. Bertrada starb bald nach dem Tod Hildegards und hatte noch erleben dürfen, im Hause ihres Sohnes drei Enkel und drei Enkelinnen zu sehen.[69] Karl ließ sie mit höchsten Ehren in der Kirche von St. Dionysius beisetzen, wo auch sein Vater begraben war. Seine einzige Schwester, Gisela, die schon als junges Mädchen ins Kloster eingetreten war, behandelte er ebenfalls mit großer Liebe.[70] Sie starb einige Jahre vor ihm in dem Kloster, wo sie ihr Leben verbracht hatte.

19. Die Erziehung der Kinder beschloss er folgendermaßen einzurichten: Sowohl die Knaben als auch die Mädchen sollten zunächst Unterricht in den Freien Künsten erhalten, denen auch er sich mit Eifer widmete.[71] Sobald die Knaben alt genug waren, mussten sie nach fränkischem Brauch im Reiten, Waffendienst und Jagen geübt werden,

fecit, filias vero lanificio adsuescere coloque ac fuso, ne per otium torperent, operam impendere atque ad omnem honestatem erudiri iussit.

Ex his omnibus duos tantum filios et unam filiam, priusquam moreretur, amisit, Karolum, qui natu maior erat, et Pippinum, quem regem Italiae praefecerat, et Hruodtrudem, quae filiarum eius primogenita et a Constantino Grecorum imperatore desponsata erat. Quorum Pippinus unum filium suum Bernhardum, filias autem quinque, Adalhaidem, Atulam, Gundradam, Berhthaidem ac Theoderadam, superstites reliquit. In quibus rex pietatis suae praecipuum documentum ostendit, cum filio defuncto nepotem patri succedere et neptes inter filias suas educari fecisset. Mortes filiorum ac filiae pro magnanimitate, qua excellebat, minus patienter tulit, pietate videlicet, qua non minus insignis erat, conpulsus ad lacrimas. Nuntiato etiam sibi Hadriani Romani pontificis obitu, quem in amicis praecipuum habebat, sic flevit, acsi fratrem aut carissimum filium amisisset. Erat enim in amicitiis optime temperatus, ut eas et facile admitteret et constantissime retineret, colebatque sanctissime quoscumque hac adfinitate sibi coniunxerat. Filiorum ac filiarum tantam in educando curam habuit, ut numquam domi positus sine ipsis caenaret, numquam iter sine illis faceret. Adequitabant ei filii, filiae vero poene

die Mädchen aber hatten sich an Wollarbeit zu gewöhnen, und damit sie nicht durch Langeweile träge würden, sollten sie fleißig weben und spinnen,[72] und er ermutigte sie in allen tugendhaften Bestrebungen.

Nur drei seiner Kinder starben vor ihm, und zwar zwei Söhne und eine Tochter: Karl, der der älteste war, Pippin, den er zum König von Italien gemacht, und seine älteste Tochter Rotrud, die er mit Kaiser Konstantin von Konstantinopel verlobt hatte.[73] Pippin hinterließ einen Sohn, Bernhard,[74] und fünf Töchter: Adelheid, Atula, Guntrada, Bertheid und Theoderada. Karl bewies an ihnen seine väterliche Liebe auf deutlichste Weise: Nach dem Tod seines Sohnes ernannte er seinen Enkel Bernhard zu dessen Nachfolger,[75] die fünf Enkelinnen ließ er zusammen mit seinen eigenen Töchtern erziehen. Den Tod seines Sohnes und seiner Töchter ertrug er mit weitaus weniger Fassung, als man bei der bewundernswerten Größe seines Geistes erwartet hätte. Seine Vaterliebe, die ihn nicht weniger auszeichnete, ließ ihn viele Tränen vergießen. Auch damals, als er vom Tod des römischen Papstes Hadrian[76] erfuhr, den er von allen seinen Freunden am meisten geliebt hatte, weinte er so sehr, als habe er einen Bruder oder seinen liebsten Sohn verloren. Karl war überhaupt für Freundschaften besonders empfänglich, er ging sie leicht ein und hielt unerschütterlich an ihnen fest, und mit großer Treue hing er an allen, mit denen er sich durch diese enge Beziehung verbunden hatte. Auf die Erziehung seiner Söhne und Töchter verwandte er eine solche Sorgfalt, dass er, wenn er zu Hause war, nie ohne sie speiste und keine Reise ohne sie unternahm.[77] Die Söhne ritten dann an seiner Seite, während die Töchter nachfolgten und in der Nachhut von einem Teil

sequebantur, quarum agmen extremum ex satellitum numero ad hoc ordinati tuebantur. Quae cum pulcherrimae essent et ab eo plurimum diligerentur, mirum dictu, quod nullam earum cuiquam aut suorum aut exterorum nuptum dare voluit, sed omnes secum usque ad obitum suum in domo sua retinuit, dicens se earum contubernio carere non posse. Ac propter hoc, licet alias felix, adversae fortunae malignitatem expertus est. Quod tamen ita dissimulavit, acsi de eis nulla umquam alicuius probri suspicio exorta vel fama dispersa fuisset.

20. Erat ei filius nomine Pippinus ex concubina editus, cuius inter ceteros mentionem facere distuli, facie quidem pulcher, sed gibbo deformis. Is, cum pater bello contra Hunos suscepto in Baioaria hiemaret, aegritudine simulata, cum quibusdam e primoribus Francorum, qui eum vana regni promissione inlexerant, adversus patrem coniuravit. Quem post fraudem detectam et damnationem coniuratorum detonsum in coenobio Prumia religiosae vitae iamque volentem vacare permisit. Facta est et alia prius contra eum in Germania valida coniuratio. Cuius auctores partim luminibus orbati, partim membris incolomes, omnes tamen exilio deportati sunt; neque ullus ex eis est interfectus nisi tres tantum; qui cum se, ne conprehenderentur, strictis gladiis defenderent, aliquos etiam occidissent, quia aliter coer-

seiner eigens dazu abgestellten Leibwache beschützt wurden. Obwohl sie sehr schöne Mädchen waren und er sie über alles liebte, wollte er seltsamerweise keine von ihnen einem Mann zur Frau geben, weder einem aus dem eigenen noch jemandem aus einem fremden Volk, sondern behielt sie vielmehr alle bis zu seinem Tod bei sich und behauptete, ohne ihre Gesellschaft nicht leben zu können. Und so glücklich er sonst war, durch sie erfuhr er doch die Tücke des Schicksals. Dass er von den Gerüchten über ihre Unkeuschheit und dem Gerede über sie gehört hatte, ließ er sich allerdings nicht anmerken.[78]

20. Von einer Konkubine hatte er einen Sohn, den ich bisher noch nicht erwähnt habe. Er hieß Pippin und hatte ein schönes Antlitz, war aber bucklig.[79] Als Karl während des Krieges mit den Hunnen in Bayern überwinterte, schützte Pippin eine Krankheit vor und verschwor sich mit einigen führenden Franken, die ihn mit leeren Versprechungen, ihn zum König zu machen, verführt hatten, gegen den Vater. Der Anschlag wurde entdeckt und die Verschwörer wurden bestraft. Pippin wurde geschoren und ihm wurde, auf sein eigenes Begehren hin, erlaubt, in das Kloster Prüm einzutreten, wo er den Rest seines Lebens als Mönch verbrachte.[80] Aber auch schon früher hatte sich in Germanien eine große Verschwörung gegen Karl gebildet.[81] Von den Verantwortlichen wurden damals die einen zur Strafe geblendet, die anderen blieben unversehrt, alle aber wurden in die Verbannung geschickt. Lediglich drei Verschwörer wurden getötet: Um nicht ergriffen zu werden, verteidigten sie sich mit dem Schwert in der Hand; nachdem sie mehrere Männer erschlagen hatten, wurden sie selbst niedergestreckt, da man sie sonst nicht bezwin-

ceri non poterant, interempti sunt. Harum tamen coniurationum Fastradae reginae crudelitas causa et origo extitisse creditur. Et idcirco in ambabus contra regem conspiratum est, quia uxoris crudelitati consentiens a suae naturae benignitate ac solita mansuetudine inmaniter exorbitasse videbatur. Ceterum per omne vitae suae tempus ita cum summo omnium amore atque favore et domi et foris conversatus est, ut numquam ei vel minima iniustae crudelitatis nota a quoquam fuisset obiecta.

21. Amabat peregrinos et in eis suscipiendis magnam habebat curam, adeo ut eorum multitudo non solum palatio, verum etiam regno non inmerito videretur onerosa. Ipse tamen prae magnitudine animi huiuscemodi pondere minime gravabatur, cum etiam ingentia incommoda laude liberalitatis ac bonae famae mercede conpensaret.

22. Corpore fuit amplo atque robusto, statura eminenti, quae tamen iustam non excederet – nam septem suorum pedum proceritatem eius constat habuisse mensuram –, apice capitis rotundo, oculis praegrandibus ac vegetis, naso paululum mediocritatem excedenti, canitie pulchra, facie laeta et hilari. Unde formae auctoritas ac dignitas tam stanti quam sedenti plurima adquirebatur; quamquam cervix obesa et brevior venterque proiectior videretur, tamen haec ceterorum membrorum celabat aequalitas. Incessu firmo totaque corporis habitudine virili; voce clara quidem, sed quae minus corporis formae conveniret. Valitudine pro-

gen konnte. Man glaubt allgemein, dass die Grausamkeit der Königin Fastrada der Grund und Ursprung dieser Verschwörungen gewesen sei. Und in beiden Fällen richtete sich die Verschwörung deswegen gegen den König, weil er den rücksichtslosen Handlungen seiner Gemahlin beizustimmen und von seiner sonstigen Güte und Milde in ungewohnter Weise abzuweichen schien. Im Übrigen aber genoss er zeit seines Lebens in der Heimat und im Ausland die größte Liebe und Verehrung aller, so dass ihm niemals der geringste Vorwurf ungerechter Strenge gemacht wurde.

21. Er hatte Fremde gern und nahm sich ihrer mit großer Sorgfalt an. Oft war ihre Zahl so groß, dass sie nicht zu Unrecht nicht nur dem Palast, sondern auch dem Reich eine Last zu sein schienen. Doch ließ er sich – hochherzig wie er war – durch solche Störungen in keinster Weise anfechten, er wog vielmehr sogar die größten Belästigungen durch das Lob seiner Großzügigkeit und seinen guten Ruf auf.

22. Karl war kräftig und stark, dabei von hoher Gestalt, die aber das rechte Maß nicht überstieg – denn er war, wie allgemein bekannt ist, sieben Fuß groß [ca. 2,34 m].[82] Er hatte einen runden Kopf, seine Augen waren sehr groß und lebhaft, die Nase etwas lang; er hatte schöne graue Haare und ein heiteres und fröhliches Gesicht. Seine Erscheinung war immer stattlich und würdevoll, ganz gleich, ob er stand oder saß. Sein Nacken war zwar etwas dick und kurz und sein Bauch trat ein wenig hervor, doch verschleierte dies das Ebenmaß der übrigen Glieder. Sein Gang war selbstbewusst, seine ganze Körperhaltung männlich und seine Stimme klar, wenn sie auch nicht so stark war, wie es seiner Größe entsprochen hätte. Seine Gesundheit war immer

spera, praeter quod, antequam decederet, per quatuor annos crebro febribus corripiebatur, ad extremum etiam uno pede claudicaret. Et tunc quidem plura suo arbitratu quam medicorum consilio faciebat, quos poene exosos habebat, quod ei in cibis assa, quibus assuetus erat, dimittere et elixis adsuescere suadebant.

Exercebatur assidue equitando ac venando; quod illi gentilicium erat, quia vix ulla in terris natio invenitur, quae in hac arte Francis possit aequari. Delectabatur etiam vaporibus aquarum naturaliter calentium, frequenti natatu corpus exercens; cuius adeo peritus fuit, ut nullus ei iuste valeat anteferri. Ob hoc etiam Aquisgrani regiam exstruxit ibique extremis vitae annis usque ad obitum perpetim habitavit. Et non solum filios ad balneum, verum optimates et amicos, aliquando etiam satellitum et custodum corporis turbam invitavit, ita ut nonnumquam centum vel eo amplius homines una lavarentur.

23. Vestitu patrio, id est Francico, utebatur. Ad corpus camisam lineam, et feminalibus lineis induebatur, deinde tunicam, quae limbo serico ambiebatur, et tibialia; tum fasciolis crura et pedes calciamentis constringebat et ex pellibus lutrinis vel murinis thorace confecto umeros ac pectus hieme muniebat, sago veneto amictus et gladio semper accinctus, cuius capulus ac balteus aut aureus aut argenteus erat. Aliquoties et gemmato ense utebatur, quod tamen nonnisi in praecipuis festivitatibus vel si quando exterarum gentium legati venissent. Peregrina vero indumenta, quamvis pulcherrima, respuebat nec umquam eis indui patieba-

ausgezeichnet, nur in den letzten vier Lebensjahren litt er öfter an Fieberanfällen und hinkte schließlich sogar auf einem Fuß. Trotzdem folgte er weiterhin lieber seinem eigenen Gutdünken und nicht dem Rat der Ärzte, die er fast hasste, weil sie ihm empfahlen, das gewohnte Bratenfleisch aufzugeben und sich mit gekochtem Fleisch anzufreunden. Er übte sich fleißig im Reiten und Jagen, wie es bei seinem Volk Sitte war; es gibt auf der Welt kein Volk, das den Franken in dieser Kunst gleichkommen könnte. Karl liebte die Dämpfe heißer Naturquellen und schwamm sehr viel und so gut, dass es niemand mit ihm aufnehmen konnte. Darum baute er einen Palast in Aachen[83] und verbrachte seine letzten Lebensjahre ununterbrochen bis zu seinem Tod dort. Er lud nicht nur seine Söhne, sondern auch Adelige und Freunde, manchmal sogar sein Gefolge und seine Leibwache zum Baden ein, so dass oft mehr als hundert Leute mit ihm badeten.

23. Er kleidete sich nach väterlicher, das heißt fränkischer Weise. Am Körper trug er ein Hemd und Unterhosen aus Leinen;[84] darüber trug er eine Tunika, die mit Seide eingefasst war, und Hosen; die Unterschenkel waren mit Bändern umwickelt und die Füße mit Stiefeln bedeckt.[85] Im Winter schützte er seine Schultern und Brust durch ein Wams aus Otter- oder Marderfell.[86] Darüber trug er einen blauen Umhang.[87] Auch gürtete er sich stets ein Schwert um, dessen Griff und Gehenk aus Gold oder Silber waren. Manchmal trug er auch ein mit Edelsteinen besetztes Schwert, allerdings nur an hohen Feiertagen oder beim Empfang von Gesandten fremder Völker. Ausländische Kleider aber, mögen sie auch noch so schön gewesen sein, wies er zurück. Ausnahmsweise sah man ihn bei zwei An-

tur, excepto quod Romae semel Hadriano pontifice petente et iterum Leone successore eius supplicante longa tunica et clamide amictus, calceis quoque Romano more formatis induebatur. In festivitatibus veste auro texta et calciamentis gemmatis et fibula aurea sagum adstringente, diademate quoque ex auro et gemmis ornatus incedebat. Aliis autem diebus habitus eius parum a communi ac plebeio abhorrebat.

24. In cibo et potu temperans, sed in potu temperantior, quippe qui ebrietatem in qualicumque homine, nedum in se ac suis, plurimum abhominabatur. Cibo enim non adeo abstinere poterat, ut saepe quereretur noxia corpori suo esse ieiunia. Convivabatur rarissime, et hoc praecipuis tantum festivitatibus, tunc tamen cum magno hominum numero. Caena cotidiana quaternis tantum ferculis praebebatur, praeter assam, quam venatores veribus inferre solebant, qua ille libentius quam ullo alio cibo vescebatur. Inter caenandum aut aliquod acroama aut lectorem audiebat. Legebantur ei historiae et antiquorum res gestae. Delectabatur et libris sancti Augustini, praecipueque his qui de civitate Dei praetitulati sunt. Vini et omnis potus adeo parcus in bibendo erat, ut super caenam raro plus quam ter biberet. Aestate post cibum meridianum pomorum aliquid sumens ac semel bibens, depositis vestibus et calciamentis, velut noctu solitus erat, duabus aut tribus horis quiescebat. Noctibus sic dormiebat, ut somnum quater aut quinquies non solum expergescendo, sed etiam desurgendo interrumpe-

lässen in Rom in langer Tunika, Chlamys und römischen Schuhen: Das erste Mal auf Wunsch von Papst Hadrian, das zweite Mal seinem Nachfolger Leo zuliebe.[88] An Festtagen trug er goldgewirkte Kleider und von Edelsteinen glänzende Schuhe, hatte einen Umhang, der von einer goldenen Spange zusammengehalten wurde, an und schritt mit einem Diadem aus Gold und Edelsteinen geschmückt einher. An anderen Tagen unterschied sich seine Kleidung nur wenig von der des gewöhnlichen Volkes.

24. Karl war maßvoll im Essen und Trinken, ganz besonders aber im Trinken, da er die Trunkenheit bei jedem Menschen, in besonderem Maße an sich selbst und bei den übrigen Mitgliedern seines Haushalts sehr verabscheute. Enthaltsamkeit im Essen fiel ihm dagegen schwer, und er beklagte sich oft, dass das Fasten seiner Gesundheit schade. Er gab sehr selten Festessen, meist nur an hohen Feiertagen, dann aber für eine große Anzahl von Leuten. Seine täglichen Mahlzeiten bestanden aus vier Gängen und dem Fleisch, das seine Jäger auf dem Spieß brieten und das er lieber als alles andere aß. Während des Essens hörte er sich entweder Musik[89] oder einen Vorleser an. Dabei wurden ihm geschichtliche Werke und die Taten der Alten vorgetragen. Er hörte auch gerne die Werke des Heiligen Augustinus, besonders seine Schrift »Über den Gottesstaat«. An Wein oder anderen Getränken gönnte er sich so wenig, dass er während der Mahlzeit selten mehr als dreimal trank. Im Sommer aß er nach dem Mittagessen Obst, leerte seinen Becher, zog dann Kleider und Schuhe aus, wie er es am Abend zu tun pflegte, und ruhte zwei bis drei Stunden lang. In der Nacht unterbrach er seinen Schlaf für gewöhnlich vier- oder fünfmal, indem er, sobald er erwachte, dann

ret. Cum calciaretur et amiciretur, non tantum amicos admittebat, verum etiam, si comes palatii litem aliquam esse diceret, quae sine eius iussu definiri non posset, statim litigantes introducere iussit et, velut pro tribunali sederet, lite cognita sententiam dixit; nec hoc tantum eo tempore, sed etiam quicquid ea die cuiuslibet officii agendum aut cuiquam ministrorum iniungendum erat expediebat.

25. Erat eloquentia copiosus et exuberans poteratque quicquid vellet apertissime exprimere. Nec patrio tantum sermone contentus, etiam peregrinis linguis ediscendis operam impendit. In quibus Latinam ita didicit, ut aeque illa ac patria lingua orare sit solitus, Grecam vero melius intellegere quam pronuntiare poterat. Adeo quidem facundus erat, ut etiam dicaculus appareret. Artes liberales studiosissime coluit, earumque doctores plurimum veneratus magnis adficiebat honoribus. In discenda grammatica Petrum Pisanum diaconem senem audivit, in ceteris disciplinis Albinum cognomento Alcoinum, item diaconem, de Brittania Saxonici generis hominem, virum undecumque doctissimum, praeceptorem habuit, apud quem et rethoricae et dialecticae, praecipue tamen astronomiae ediscendae plurimum et temporis et laboris inpertivit. Discebat artem conputandi et intentione sagaci siderum cursum curiosissime rimabatur. Temptabat et scribere tabulasque et codicellos ad hoc in lecto sub cervicalibus circumferre solebat, ut, cum vacuum tempus esset, manum litteris effigiendis

auch aufstand. Während man ihm die Schuhe und Kleider anzog, gab er nicht nur seinen Freunden meist Audienzen, sondern ließ sogar, wenn ihm der Pfalzgraf von einem Streit berichtete, der seine Entscheidung verlangte, die streitenden Parteien sofort hereinführen, hörte sich den Fall an und verkündete sein Urteil, genau so, als säße er auf dem Richterstuhl. Doch nicht nur das, er gab in dieser Zeit auch Anweisung, was alles am Tag getan oder den Beamten aufgetragen werden sollte.

25. Karl war ein begabter Redner, er sprach fließend, und er vermochte alles, was er sagen wollte, mit äußerster Klarheit auszudrücken. Mit seiner Muttersprache allein nicht zufrieden, erlernte er auch fleißig Fremdsprachen. Dabei eignete er sich Latein so gut an, dass er es wie seine Muttersprache sprach, Griechisch konnte er allerdings besser verstehen als sprechen. Er war rednerisch so begabt, dass er manchmal beinahe zu weitschweifig erschien. Die Sieben Freien Künste[90] pflegte er mit großem Eifer, achtete seine Lehrer sehr und erwies ihnen große Ehrbezeugungen. Der Diakon Peter von Pisa, der schon ein alter Mann war, lehrte ihn Grammatik, in den übrigen Wissenschaften unterrichtete ihn der Diakon Albinus, genannt Alkuin, ein Mann sächsischer Abstammung aus Britannien, der der größte Gelehrte seiner Zeit war.[91] Bei ihm verwendete der König viel Zeit und Mühe auf das Studium der Rhetorik, Dialektik und besonders der Astronomie. Er lernte Rechnen und verfolgte mit großem Wissensdurst und aufmerksamem Interesse die Bewegungen der Himmelskörper. Auch versuchte er sich im Schreiben und hatte unter seinem Kopfkissen im Bett immer Tafeln und Blätter bereit, um in freien Stunden seine Hand im Schreiben zu üben. Da er aber erst verhält-

adsuesceret, sed parum successit labor praeposterus ac sero inchoatus.

26. Religionem Christianam, qua ab infantia fuerat inbutus, sanctissime et cum summa pietate coluit, ac propter hoc plurimae pulchritudinis basilicam Aquisgrani exstruxit auroque et argento et luminaribus atque ex aere solido cancellis et ianuis adornavit. Ad cuius structuram cum columnas et marmora aliunde habere non posset, Roma atque Ravenna devehenda curavit. Ecclesiam et mane et vespere, item nocturnis horis et sacrificii tempore, quoad eum valitudo permiserat, inpigre frequentabat, curabatque magnopere, ut omnia quae in ea gerebantur cum qua maxima fierent honestate, aedituos creberrime commonens, ne quid indecens aut sordidum aut inferri aut in ea remanere permitterent. Sacrorum vasorum ex auro et argento vestimentorumque sacerdotalium tantam in ea copiam procuravit, ut in sacrificiis celebrandis ne ianitoribus quidem, qui ultimi ecclesiastici ordinis sunt, privato habitu ministrare necesse fuisset. Legendi atque psallendi disciplinam diligentissime emendavit. Erat enim utriusque admodum eruditus, quamquam ipse nec publice legeret nec nisi submissim et in commune cantaret.

27. Circa pauperes sustentandos et gratuitam liberalitatem, quam Greci eleimosinam vocant, devotissimus, ut qui non in patria solum et in suo regno id facere curaverit, verum trans maria in Syriam et Aegyptum atque Africam,

nismäßig spät damit begonnen hatte, brachte er es auf diesem Gebiet nicht sehr weit.

26. Die christliche Religion, mit der er seit seiner Kindheit vertraut war, hielt er gewissenhaft und fromm in höchsten Ehren. Deshalb erbaute er die wunderschöne Kirche in Aachen und schmückte sie mit Gold und Silber, mit Leuchtern und mit Gittern und Türen aus massivem Metall aus. Für diesen Bau ließ er Säulen und Marmor aus Rom und Ravenna bringen, da er sie sonst nirgends bekommen konnte. Er besuchte die Kirche regelmäßig morgens und abends, nahm an den nächtlichen Horen und an den Messen teil, solange es seine Gesundheit erlaubte. Er bestand darauf, dass alle dort abgehaltenen Gottesdienste mit möglichst großer Feierlichkeit zelebriert wurden, und ermahnte oftmals die Kirchendiener, dass nichts Ungebührliches oder Unreines in die Kirche gebracht werden oder dort verbleiben dürfe. Er schenkte der Kirche viele heilige Gefäße aus Gold und Silber sowie eine so große Anzahl von Priestergewändern, dass nicht einmal die Türhüter, die das niedrigste Weiheamt innehatten, während des Gottesdienstes ihre gewöhnlichen Kleider tragen mussten.[92] Größte Aufmerksamkeit widmete er der Verbesserung des liturgischen Lesens und des Psalmengesanges. Er war nämlich in beidem selbst wohl bewandert, wenngleich er in der Öffentlichkeit nie vorlas und nur leise im Chor mitsang.

27. Ganz besonders lag Karl die Unterstützung der Armen am Herzen und jene uneigennützige Freigebigkeit, die von den Griechen mit dem Wort »Almosen« bezeichnet wird. Er übte diese Tugend aber nicht nur in seinem eigenen Vaterland und Reich, sondern pflegte auch, sobald er in Erfahrung gebracht hatte, dass die Christen in Syrien,

Hierosolimis, Alexandriae atque Cartagini, ubi Christianos in paupertate vivere conpererat, penuriae illorum conpatiens pecuniam mittere solebat; ob hoc maxime transmarinorum regum amicitias expetens, ut Christianis sub eorum dominatu degentibus refrigerium aliquod ac relevatio proveniret.

Colebat prae ceteris sacris et venerabilibus locis apud Romam ecclesiam beati Petri apostoli; in cuius donaria magna vis pecuniae tam in auro quam in argento necnon et gemmis ab illo congesta est. Multa et innumera pontificibus munera missa. Neque ille toto regni sui tempore quicquam duxit antiquius, quam ut urbs Roma sua opera suoque labore vetere polleret auctoritate, et ecclesia sancti Petri per illum non solum tuta ac defensa, sed etiam suis opibus prae omnibus ecclesiis esset ornata atque ditata. Quam cum tanti penderet, tamen intra XLVII annorum, quibus regnaverat, spatium quater tantum illo votorum solvendorum ac supplicandi causa profectus est.

28. Ultimi adventus sui non solum hae fuere causae, verum etiam quod Romani Leonem pontificem multis affectum iniuriis, erutis scilicet oculis linguaque amputata, fidem regis implorare conpulerunt. Idcirco Romam veniens propter reparandum, qui nimis conturbatus erat, ecclesiae statum ibi totum hiemis tempus extraxit. Quo tempore imperatoris et augusti nomen accepit. Quod primo in tantum aversatus est, ut adfirmaret se eo die, quamvis praeci-

Ägypten und Afrika, in Jerusalem, Alexandrien und Karthago in Armut lebten, diesen aus Mitleid mit ihrer Lage regelmäßig Geld über das Meer zu schicken. Vornehmlich aus diesem Grund warb er um die Freundschaft der Fürsten jenseits des Meers, damit er den unter ihrer Herrschaft lebenden Christen Erleichterung und Hilfe zukommen lassen könnte.[93]

Er verehrte die Kirche des Heiligen Apostels Petrus in Rom vor allen anderen heiligen und verehrungswürdigen Stätten; ihre Schatzkammern beschenkte er mit großen Mengen von Gold, Silber und Edelsteinen und schickte auch an die Päpste zahllose Geschenke. Während seiner ganzen Regierungszeit hielt er nichts für wichtiger, als die Stadt Rom durch seine Bemühungen wieder zu ihrem alten Ansehen zu bringen, die Kirche des Heiligen Petrus nicht nur zu verteidigen und zu beschützen, sondern sie auch durch eigene Mittel zu verschönern und zu bereichern, so dass sie unter allen Kirchen hervorragte. Obwohl er sie so hoch verehrte, kam er im Laufe seiner siebenundvierzigjährigen Regierung jedoch nur viermal nach Rom, um dort seine Gelübde zu erfüllen und seine Andacht zu verrichten.[94]

28. Der Grund für seine letzte Reise war nicht nur der allein, sondern auch der, dass die Römer Papst Leo schwer misshandelt, ihm die Augen ausgestochen und die Zunge ausgerissen hatten, so dass er sich gezwungen sah, den König um Schutz zu bitten.[95] Daher begab sich Karl nach Rom, um die verworrenen Zustände der Kirche zu ordnen, und verbrachte dort den ganzen Winter. Bei dieser Gelegenheit erhielt er den Kaiser- und Augustus-Titel, der ihm anfangs so zuwider war, dass er erklärte, er würde die Kirche selbst

pua festivitas esset, ecclesiam non intraturum, si pontificis consilium praescire potuisset. Invidiam tamen suscepti nominis, Romanis imperatoribus super hoc indignantibus, magna tulit patientia. Vicitque eorum contumaciam magnanimitate, qua eis procul dubio longe praestantior erat, mittendo ad eos crebras legationes et in epistolis fratres eos appellando.

29. Post susceptum imperiale nomen, cum adverteret multa legibus populi sui deesse – nam Franci duas habent leges, in plurimis locis valde diversas – cogitavit quae deerant addere et discrepantia unire, prava quoque ac perperam prolata corrigere, sed de his nihil aliud ab eo factum est, nisi quod pauca capitula, et ea inperfecta, legibus addidit. Omnium tamen nationum, quae sub eius dominatu erant, iura quae scripta non erant describere ac litteris mandari fecit. Item barbara et antiquissima carmina, quibus veterum regum actus et bella canebantur, scripsit memoriaeque mandavit. Inchoavit et grammaticam patrii sermonis.

Mensibus etiam iuxta propriam linguam vocabula inposuit, cum ante id temporis apud Francos partim Latinis, partim barbaris nominibus pronuntiarentur. Item ventos duodecim propriis appellationibus insignivit, cum prius non amplius quam vix quattuor ventorum vocabula possent inveniri. Et de mensibus quidem Ianuarium Wintarmanoth, Februarium Hornung, Martium Lentzinmanoth,

an jenem hohen Feiertag[96] nicht freiwillig betreten haben, wenn er die Absicht des Papstes geahnt hätte. Die Eifersucht der oströmischen Kaiser, die sich über die Annahme des Titels sehr entrüsteten, ertrug er dann allerdings mit großer Gelassenheit, und ihren Trotz überwand er durch seine Großmut – denn in dieser Beziehung stand er weit über ihnen – und indem er zu ihnen zahlreiche Gesandtschaften schickte und sie in den Briefen immer als Brüder anredete.[97]

29. Nachdem er den Kaisertitel angenommen hatte, beabsichtigte Karl, als er sah, dass die Gesetze seines Volkes in vielem sehr mangelhaft waren – die Franken haben nämlich zweierlei Rechte,[98] die in vielen Punkten voneinander abweichen –, Fehlendes zu ergänzen, Widersprechendes auszugleichen und alles Falsche und Verkehrte zu verbessern. Allein er kam damit nicht weiter, als den bestehenden Gesetzen nur wenige und unvollständige Abschnitte hinzuzufügen. Er ordnete aber an, alle ungeschriebenen Gesetze der von ihm beherrschten Stämme zu sammeln und schriftlich aufzuzeichnen.[99] Auch die uralten heidnischen Lieder, in denen die Taten und Kriege der alten Könige besungen wurden, ließ er aufschreiben, um sie für die Nachwelt zu erhalten. Außerdem begann er mit einer Grammatik seiner Muttersprache.

Weiter gab er den Monaten einheitliche fränkische Namen, denn bisher waren sie bei den Franken teilweise durch lateinische, teilweise durch einheimische Bezeichnungen benannt gewesen. Die zwölf Winde unterschied er ebenfalls durch passende Ausdrücke, vorher hatte es nämlich nicht mehr als vier Benennungen dafür gegeben. Er nannte den Januar »Wintarmanoth«, den Februar »Hornung«, den

Aprilem Ostarmanoth, Maium Winnemanoth, Iunium Brachmanoth, Iulium Heuuimanoth, Augustum Aranmanoth, Septembrem Witumanoth, Octobrem Windumemanoth, Novembrem Herbistmanoth, Decembrem Heilagmanoth appellavit. Ventis vero hoc modo nomina inposuit, ut subsolanum vocaret ostroniwint, eurum ostsundroni, euroaustrum sundostroni, austrum sundroni, austroafricum sundwestroni, africum westsundroni, zefyrum westroni, chorum westnordroni, circium norđwestroni, septentrionem nordroni, aquilonem norđostroni, vulturnum ostnorđroni.

30. Extremo vitae tempore, cum iam et morbo et senectute premeretur, evocatum ad se Hludowicum filium, Aquitaniae regem, qui solus filiorum Hildigardae supererat, congregatis sollemniter de toto regno Francorum primoribus, cunctorum consilio consortem sibi totius regni et imperialis nominis heredem constituit, inpositoque capiti eius diademate imperatorem et augustum iussit appellari. Susceptum est hoc eius consilium ab omnibus qui aderant magno cum favore; nam divinitus ei propter regni utilitatem videbatur inspiratum. Auxitque maiestatem eius hoc factum et exteris nationibus non minimum terroris incussit. Dimisso deinde in Aquitaniam filio, ipse more solito, quamvis senectute confectus, non longe a regia Aquensi

März »Lenzimanoth«, den April »Ostarmanoth«, den Mai »Winnemanoth«, den Juni »Brachmanoth«, den Juli »Hewimanoth«, den August »Aranmanoth«, den September »Witumanoth«, den Oktober »Windumanoth«, den November »Herbistmanoth«, den Dezember »Heilagmanoth«.[100] Die Winde bezeichnete er wie folgt: den *subsolanus* [Ostwind] »ostroniwint«, den *eurus* [Südostwind] »ostsundroni«, den *euroauster* [Südsüdostwind] »sundostroni«, den *auster* [Südwind] »sundroni«, den *austroafricus* [Südsüdwestwind] »sundwestroni«, den *africus* [Südwestwind] »westsundroni«, den *zephyrus* [Westwind] »westroni«, den *chorus* [Nordwestwind] »westnordroni«, den *circius* [Nordnordwestwind] »norđwestroni«, den *septentrio* [Nordwind] »nordroni«, den *aquilo* [Nordostwind] »norđostroni«, den *vulturnus* [Nordnordostwind] »ostnorđroni«.[101]

30. Gegen Ende seines Lebens, als ihn schon Krankheit und Alter bedrückten, ließ er Ludwig, den König von Aquitanien, der als einziger von Hildegards Söhnen noch am Leben war, zu sich rufen. Nachdem er dann die Adeligen aus dem ganzen Frankenreich feierlich versammelt hatte, setzte er Ludwig mit ihrer Zustimmung zum Mitregenten über das ganze Reich und zum Erben des Kaisertitels ein, krönte seinen Sohn selbst mit dem Diadem und befahl, ihn mit dem Namen Kaiser und Augustus anzureden.[102] Dieser Beschluss wurde von allen Anwesenden mit großem Beifall aufgenommen, es schien nämlich, dass er ihn auf Gottes Eingebung hin zum Wohl des Königreichs gefasst hatte. Dadurch erhöhte sich sein kaiserliches Ansehen, und es flößte den fremden Völkern großen Respekt ein. Nachdem er Ludwig nach Aquitanien zurückgesandt hatte, begab sich Karl trotz seines fortgeschrittenen Alters wie gewöhnlich

venatum proficiscitur, exactoque in huiuscemodi negotio quod reliquum erat autumni, circa Kalendas Novembris Aquasgrani revertitur.

Cumque ibi hiemaret, mense Ianuario febre valida correptus decubuit. Qui statim, ut in febribus solebat, cibi sibi abstinentiam indixit, arbitratus hac continentia morbum posse depelli vel certe mitigari. Sed accedente ad febrem lateris dolore, quem Greci pleuresin dicunt, illoque adhuc inediam retinente neque corpus aliter quam rarissimo potu sustentante, septimo, postquam decubuit, die, sacra communione percepta, decessit, anno aetatis suae septuagesimo secundo et ex quo regnare coeperat quadragesimo septimo, v. Kal. Februarii, hora diei tertia.

31. Corpus more sollemni lotum et curatum et maximo totius populi luctu ecclesiae inlatum atque humatum est. Dubitatum est primo, ubi reponi deberet, eo quod ipse vivus de hoc nihil praecepisset. Tandem omnium animis sedit nusquam eum honestius tumulari posse quam in ea basilica, quam ipse propter amorem Dei et domini nostri Iesu Christi et ob honorem sanctae et aeternae virginis, genetricis eius, proprio sumptu in eodem vico construxit. In hac sepultus est eadem die, qua defunctus est, arcusque supra tumulum deauratus cum imagine et titulo exstructus. Titulus ille hoc modo descriptus est: SUB HOC CONDITORIO SITUM EST CORPUS KAROLI MAGNI ATQUE ORTHO-

nicht weit von seinem Palast in Aachen auf die Jagd.[103] Er brachte den restlichen Herbst damit zu und kehrte dann Anfang November nach Aachen zurück.

Im Januar wurde er dort während seines Winteraufenthalts von hohem Fieber befallen und musste das Bett hüten. Er erlegte sich auf, zu fasten, wie er es bei Fieber immer getan hatte, denn er glaubte, durch diese Enthaltsamkeit könne die Krankheit vertrieben oder wenigstens gemildert werden. Zu dem Fieber aber stellten sich Schmerzen in der Seite ein, die von den Griechen als »pleuresis« bezeichnet werden. Trotzdem hielt er sein Fasten ein und stärkte sich nur ab und zu durch wenig Trinken. Er starb, nachdem er die heilige Kommunion empfangen hatte, am achtundzwanzigsten Januar in der dritten Stunde des Tages,[104] sieben Tage nach seiner Erkrankung, im zweiundsiebzigsten Lebensjahr und in seinem siebenundvierzigsten Regierungsjahr.[105]

31. Sein Leichnam wurde nach herkömmlichem Brauch gewaschen und aufgebahrt, dann in die Kirche gebracht und unter großem Klagen des ganzen Volkes begraben. Zuerst wusste man nicht, wo man ihn bestatten sollte, weil er selbst keine Anweisungen darüber hinterlassen hatte. Schließlich kamen alle zu der Ansicht, dass er an keinem ehrwürdigeren Ort beigesetzt werden könne als in der Kirche, die er selbst aus Liebe zu Gott und unserem Herrn Jesus Christus und zu Ehren der Heiligen und ewigen Jungfrau, seiner Mutter, in Aachen auf eigene Kosten hatte erbauen lassen. Hier wurde er noch an seinem Todestag beigesetzt und ein vergoldeter Bogen mit seinem Bild und einer Inschrift über dem Grab errichtet. Die Inschrift darauf lautet folgendermaßen: »In diesem Grab ruht Karl, der

DOXI IMPERATORIS, QUI REGNUM FRANCORUM NOBILITER AMPLIAVIT ET PER ANNOS XLVII FELICITER REXIT. DECESSIT SEPTUAGENARIUS ANNO [DOMINI DCCCXIIII], INDICTIONE [VII], V. KAL. FEBR.

32. Adpropinquantis finis conplura fuere prodigia, ut non solum alii, sed etiam ipse hoc minitari sentiret. Per tres continuos vitaeque termino proximos annos et solis et lunae creberrima defectio et in sole macula quaedam atri coloris septem dierum spatio visa. Porticus, quam inter basilicam et regiam operosa mole construxerat, die ascensionis Domini subita ruina usque ad fundamenta conlapsa. Item pons Rheni apud Mogontiacum, quem ipse per decem annos ingenti labore et opere mirabili de ligno ita construxit, ut perenniter durare posse videretur, ita tribus horis fortuitu incendio conflagravit, ut, praeter quod aqua tegebatur, ne una quidem astula ex eo remaneret. Ipse quoque, cum ultimam in Saxoniam expeditionem contra Godofridum regem Danorum ageret, quadam die, cum ante exortum solis castris egressus iter agere coepisset, vidit repente delapsam caelitus cum ingenti lumine facem a dextra in sinistram per serenum aera transcurrere. Cunctisque hoc signum, quid portenderet, ammirantibus, subito equus, quem sedebat, capite deorsum merso decidit eumque tam graviter ad terram elisit, ut, fibula sagi rupta balteoque gladii dissipato, a festinantibus qui aderant ministris exarmatus et sine amiculo levaretur. Iaculum etiam, quod tunc forte ma-

große und rechtgläubige Kaiser, der das Reich der Franken ruhmvoll vergrößert und siebenundvierzig Jahre lang erfolgreich regiert hat. Er starb siebzigjährig, in der siebenten Indiktion,[106] am 28. Januar im Jahr des Herrn 814.«

32. Zahlreiche Vorzeichen hatten seinen herannahenden Tod angezeigt, so dass nicht nur andere, sondern auch er selbst ihn kommen fühlte. In den letzten drei Jahren seines Lebens gab es sehr viele Sonnen- und Mondfinsternisse; sieben Tage lang sah man einen schwarzen Fleck auf der Sonne.[107] Der Säulengang zwischen der Kirche und dem Palast, den er mit großer Mühe hatte errichten lassen, stürzte am Himmelfahrtstag plötzlich völlig ein.[108] Auch hatte Karl bei Mainz eine hölzerne Brücke über den Rhein schlagen lassen, die zehn Jahre schwerste Arbeit gekostet hatte und so geschickt gebaut war, dass es schien, sie könne ewig bestehen. Durch ein zufällig entstandenes Feuer wurde sie dann binnen dreier Stunden vollkommen eingeäschert, so dass nicht einmal ein Holzspan von ihr übrig blieb, von dem abgesehen, was unter der Wasseroberfläche lag.[109] Während seines letzten Feldzugs in Sachsen gegen den Dänenkönig Gottfried hatte Karl eines Tages gerade vor Sonnenaufgang das Lager verlassen und den Marsch angetreten, als er plötzlich einen mächtigen Feuerstrahl mit hellem Schein von rechts nach links über den klaren Himmel blitzen sah. Alle wunderten sich, was dieses Zeichen zu bedeuten hätte, da stürzte plötzlich sein Pferd kopfüber und warf ihn so heftig zur Erde, dass die Spange seines Umhangs zerbrach und der Schwertgurt zerriss. Karl musste, nachdem man ihm seine Waffen und den Umhang abgenommen hatte, von den sich in der Nähe befindlichen herbeieilenden Dienern beim Aufstehen geholfen werden. Die

nu tenebat, ita elapsum est, ut viginti vel eo amplius pedum spatio longe iaceret. Accessit ad hoc creber Aquensis palatii tremor et in domibus, ubi conversabatur, assiduus laquearium crepitus. Tacta etiam de caelo, in qua postea sepultus est, basilica, malumque aureum, quo tecti culmen erat ornatum, ictu fulminis dissipatum et supra domum pontificis, quae basilicae contigua erat, proiectum est. Erat in eadem basilica in margine coronae, quae inter superiores et inferiores arcus interiorem aedis partem ambiebat, epigramma sinopide scriptum, continens, quis auctor esset eiusdem templi, cuius in extremo versu legebatur: KAROLUS PRINCEPS. Notatum est a quibusdam eodem, quo decessit, anno paucis ante mortem mensibus eas, quae PRINCEPS exprimebant, litteras ita esse deletas, ut penitus non apparerent. Sed superiora omnia sic aut dissimulavit aut sprevit, acsi nihil horum ad res suas quolibet modo pertineret.

33. Testamenta facere instituit, quibus filias et ex concubinis liberos ex aliqua parte sibi heredes faceret, sed tarde inchoata perfici non poterant. Divisionem tamen thesaurorum et pecuniae ac vestium aliaeque suppellectilis coram amicis et ministris suis annis tribus, antequam decederet, fecit, contestatus eos, ut post obitum suum a se facta distributio per illorum suffragium rata permaneret. Quidque ex his quae diviserat fieri vellet, breviario conprehendit; cuius ratio ac textus talis est:

IN NOMINE DOMINI DEI OMNIPOTENTIS, PATRIS ET

Lanze, die er in der Hand gehabt hatte, wurde fortgeschleudert, so dass sie über zwanzig Fuß [ca. 6,60 m] weit entfernt lag. Hinzu kam, dass der Palast in Aachen häufig erschüttert wurde, und die Dächer der Gebäude, in denen er sich aufhielt, knackten beständig. Auch hatte der Blitz in die Kirche eingeschlagen, in der er später begraben wurde, und die vergoldete Kugel, die die Spitze des Daches zierte, war zerschmettert und auf das danebenliegende Haus des Bischofs geschleudert worden. In derselben Kirche befand sich auf dem Wandstreifen, der im Inneren zwischen den oberen und unteren Bögen verlief, eine Inschrift in roten Buchstaben, in der stand, wer die Kirche erbaut hatte. Die letzten Wörter waren KAROLUS PRINCEPS. Im Jahr seines Todes bemerkten einige Leute, mehrere Monate bevor er verstarb, dass die Buchstaben des Wortes PRINCEPS so ausgelöscht waren, dass sie kaum mehr sichtbar waren. Karl aber beachtete diese Vorzeichen nicht oder schätzte sie gering, gleichsam als ob sie ihn in keinster Weise etwas angingen.

33. Er hatte beabsichtigt, ein Testament aufzusetzen, in dem er seinen Töchtern und außerehelichen Kindern ein Erbteil vermachen wollte, aber spät begonnen, konnte es nie fertiggestellt werden. Doch verteilte er drei Jahre vor seinem Tod alle Schätze, Gelder, Kleider und allen Hausrat in Anwesenheit seiner Freunde und Diener und bat sie, als Zeugen aufzutreten und darauf zu achten, dass die Aufteilung, die er vorgenommen hatte, nach seinem Tod bestehen bliebe. Er ließ eine kurze Zusammenfassung, wie er alles geteilt haben wollte, aufsetzen, deren Inhalt und Wortlaut folgender ist:

»Im Namen des allmächtigen Gottes, des Vaters, des

FILII ET SPIRITUS SANCTI. Descriptio atque divisio, quae facta est a gloriosissimo atque piissimo domno Karolo imperatore augusto anno ab incarnatione domini nostri Iesu Christi DCCCXI, anno vero regni eius in Francia XLIII et in Italia XXXVI, imperii autem XI, indictione IIII, quam pia et prudenti consideratione facere decrevit et Domino annuente perfecit de thesauris suis atque pecunia, quae in illa die in camera eius inventa est. In qua illud praecipue praecavere voluit, ut non solum eleimosinarum largitio, quae sollemniter apud Christianos de possessionibus eorum agitur, pro se quoque de sua pecunia ordine atque ratione perficeretur, sed etiam ut heredes sui omni ambiguitate remota, quid ad se pertinere deberet, liquido cognoscere et sine lite atque contentione sua inter se conpetenti partitione dividere potuissent.

Hac igitur intentione atque proposito omnem substantiam atque suppellectilem suam, quae in auro et argento gemmisque et ornatu regio in illa, ut dictum est, die in camera eius poterat inveniri, primo quidem trina divisione partitus est. Deinde easdem partes subdividendo de duabus partibus XX et unam partem fecit, tertiam integram reservavit. Et duarum quidem partium in XX et unam partem facta divisio tali ratione consistit, ut, quia in regno illius metropolitanae civitates XX et una esse noscuntur, unaquaeque illarum partium ad unamquamque metropolim per manus heredum et amicorum suorum eleimosinae nomine perveniat, et archiepiscopus, qui tunc illius ecclesiae rector extiterit, partem quae ad suam ecclesiam data est suscipiens cum suis suffraganeis partiatur, eo scilicet modo, ut pars tertia suae sit ecclesiae, duae vero partes inter suffraganeos dividantur. Harum divisionum, quae ex duabus primis partibus factae sunt

Sohnes und des Heiligen Geistes. Das Verzeichnis und die Aufteilung, die vorgenommen hat der ruhmreiche und fromme Herr, der erhabene Kaiser Karl im 811. Jahr nach der Menschwerdung unseres Herrn Jesus Christus, im 43. seiner Herrschaft in Franken, im 36. seiner Regierung in Italien, im elften seines Kaisertums, in der vierten Indiktion. Er beschloss nach frommer und weiser Überlegung, die Schätze und das Geld, die am heutigen Tag in seiner Schatzkammer sind, so zu verteilen, und tat dies nach dem Willen Gottes. Er wollte damit vor allem dafür Sorge tragen, dass das bei den Christen übliche Geben von Almosen aus dem eigenen Besitz auch für ihn aus seiner Hinterlassenschaft in der richtigen Art und Weise ausgeführt werde und seine Erben ohne jeden Zweifel wissen sollten, was ihnen zukomme, und dass sie die Verteilung ohne Streitigkeiten und Zwietracht nach rechtem Maß vornehmen könnten.

In dieser Absicht und zu diesem Zweck teilte er daher sein gesamtes Eigentum und alle Gegenstände aus Gold und Silber, die Edelsteine und den königlichen Schmuck, die man an jenem besagten Tag in seiner Schatzkammer vorfand, zunächst in drei Teile. Einen Teil ließ er ganz, die beiden anderen zerlegte er weiter in einundzwanzig Teile, und zwar, weil es in seinem Reich bekanntlich einundzwanzig Metropolitanstädte gibt. Und je ein Teil soll durch seine Erben und Freunde jeder von diesen als Almosen zukommen, die einzelnen Erzbischöfe sollen den für ihre Diözese bestimmten Anteil übernehmen, ein Drittel davon für ihre Kirche behalten und die übrigen zwei Drittel an ihre Suffraganbischöfe weiterleiten. Die einundzwanzig Erbanteile, in die also nach der Anzahl der Metropolitanstädte die beiden ersten Drittel zerlegt wurden, sind ge-

et iuxta metropoleorum civitatum numerum XX et una esse noscuntur, unaquaeque ab altera sequestrata semotim in suo repositorio cum superscriptione civitatis, ad quam perferenda est, recondita iacet. Nomina metropoleorum, ad quas eadem eleimosina sive largitio facienda est, haec sunt: Roma, Ravenna, Mediolanum, Forum Iulii, Gradus, Colonia, Mogontiacus, Iuvavum quae et Salzburc, Treveri, Senones, Vesontio, Lugdunum, Ratumagus, Remi, Arelas, Vienna, Darantasia, Ebrodunum, Burdigala, Turones, Bituriges.

Unius autem partis, quam integram reservari voluit, talis est ratio, ut, illis duabus in supradictas divisiones distributis et sub sigillo reconditis, haec tertia in usu cotidiano versaretur, velut res, quam nulla voti obligatione a dominio possidentis alienatam esse constaret, et hoc tamdiu, quoadusque vel ille mansisset in corpore vel usum eius sibi necessarium iudicaret. Post obitum vero suum aut voluntariam saecularium rerum carentiam eadem pars quattuor subdivisionibus secaretur, et una quidem earum supradictis XX et unae partibus adderetur, altera a filiis ac filiabus suis filiisque ac filiabus filiorum suorum adsumpta iusta et rationabili inter eos partitione divideretur, tertia vero consueto Christianis more in usum pauperum fuisset erogata, quarta simili modo nomine eleimosinae in servorum et ancillarum usibus palatii famulantium sustentationem distributa veniret. Ad hanc tertiam totius summae portionem, quae similiter ut ceterae ex auro et argento constat, adiungi voluit omnia ex aere et ferro aliisque metallis vasa atque utensilia cum armis et vestibus alioque aut pretioso aut vili ad varios usus facto suppellectili, ut sunt cortinae, stragula, tapetia, filtra, coria,

nau geschieden, und jeder liegt gesondert aufbewahrt in einer Truhe mit der Angabe, für welche Stadt er bestimmt ist. Die Städte, die diese Schenkungen und Almosen erhalten sollen, sind: Rom, Ravenna, Mailand, Cividale del Friuli, Grado, Köln, Mainz, Salzburg, Trier, Sens, Besançon, Lyon, Rouen, Reims, Arles, Vienne, Moûtiers-en-Tarantaise, Embrun, Bordeaux, Tours und Bourges.[110]

Der eine Teil, der unberührt bleiben soll, soll wie folgt verwendet werden: Während die beiden anderen auf die oben beschriebene Art und Weise verteilt und bis dahin versiegelt aufbewahrt werden, soll der dritte für den täglichen Bedarf des Besitzers bleiben, als ein Gut, von dem feststeht, dass es ihm weder aufgrund eines Gelübdes noch sonst einer Verpflichtung entfremdet werden kann, solange er am Leben ist oder es für seinen Gebrauch nötig hat. Nach seinem Tod oder falls er auf das weltliche Leben freiwillig verzichtet, soll dieser Teil in vier Anteile zerlegt werden. Ein Anteil soll zu den erwähnten einundzwanzig Teilen hinzugefügt werden. Der zweite gehört seinen Söhnen und Töchtern und deren Söhnen und Töchtern und soll unter ihnen gerecht und gleichmäßig verteilt werden, der dritte soll nach christlichem Brauch für die Armen verwendet und der vierte den Dienern und Dienerinnen des Palasts als Beitrag zu ihrem Unterhalt geschenkt werden. Zu dem dritten Hauptteil, der wie die anderen aus Gold und Silber besteht, sollen nach seinem Willen auch alle Geräte und Gebrauchsgegenstände aus Erz, Eisen und anderen Metallen geschlagen werden, die Waffen, Kleider und der übrige teils kostbare, teils wertlose Hausrat mit seinen verschiedenen Verwendungszwecken, nämlich Vorhänge, Decken, Teppiche, Woll- und Lederzeug, Saumsättel und

sagmata, et quicquid in camera atque vestiario eius eo die fuisset inventum, ut ex hoc maiores illius partis divisiones fierent et erogatio eleimosinae ad plures pervenire potuisset.

Capellam, id est ecclesiasticum ministerium, tam id quod ipse fecit atque congregavit, quam quod ad eum ex paterna hereditate pervenit, ut integrum esset neque ulla divisione scinderetur, ordinavit. Si qua autem invenirentur aut vasa aut libri aut alia ornamenta, quae liquido constaret eidem capellae ab eo conlata non fuisse, haec qui habere vellet dato iustae aestimationis pretio emeret et haberet. Similiter et de libris, quorum magnam in bibliotheca sua copiam congregavit, statuit, ut ab his qui eos habere vellent iusto pretio fuissent redempti, pretiumque in pauperibus erogatum.

Inter ceteros thesauros atque pecuniam tres mensas argenteas et auream unam praecipuae magnitudinis et ponderis esse constat. De quibus statuit atque decrevit, ut una ex his, quae forma quadrangula descriptionem urbis Constantinopolitanae continet, inter cetera donaria, quae ad hoc deputata sunt, Romam ad basilicam beati Petri apostoli deferatur, et altera, quae forma rotunda Romanae urbis effigie figurata est, episcopio Ravennatis ecclesiae conferatur. Tertiam, quae ceteris et operis pulchritudine et ponderis gravitate multum excellit, quae ex tribus orbibus conexa totius mundi descriptionem subtili ac minuta figuratione conplectitur, et auream illam, quae quarta esse dicta est, in tertiae illius et

was sonst noch an diesem Tag in der Schatzkammer und den Kleidertruhen vorgefunden wird. Auf diese Art sollen die Anteile des dritten Teiles vergrößert werden, damit die verteilten Almosen mehr Arme erreichen.

Er ordnete ferner an, dass seine Kapelle, beziehungsweise deren Eigentum, das heißt alles, was er selbst gestiftet und wofür er gesammelt hat, sowie das von seinem Vater ererbte Gut darin durch keine Teilung zersplittert werde. Sollten dort aber Geräte, Bücher oder andere Gegenstände vorhanden sein, von denen zweifelsohne feststünde, dass er sie der Kapelle nicht geschenkt hat, so könnte jeder, der wolle, diese für einen entsprechenden Preis kaufen. Ähnlich bestimmte er auch für die Bücher, von denen er eine große Anzahl in seiner Bibliothek gesammelt hat, dass sie nach ihrem Wert an Leute verkauft werden sollen, die sie erwerben wollen, und der Erlös an die Armen verteilt werden soll.

Wie allgemein bekannt ist, befinden sich unter den übrigen Schätzen und Reichtümern drei silberne und ein sehr großer und besonders schwerer goldener Tisch. Darüber beschloss und verordnete er, dass der viereckige silberne Tisch, in den eine Abbildung der Stadt Konstantinopel eingraviert ist, mit den übrigen hierfür bestimmten Geschenken an die Kirche des Heiligen Apostels Petrus in Rom geschickt wird. Der runde, silberne Tisch, der mit einem Bild der Stadt Rom verziert ist, soll an die Bischofskirche in Ravenna gesandt werden. Der dritte Tisch, der weitaus schöner gearbeitet und viel schwerer ist als die beiden anderen, ist aus drei Kreisen zusammengeschmiedet und weist eine sorgfältige und zierliche Darstellung des ganzen Weltalls auf.[111] Dieser soll zusammen mit dem vorher erwähnten

inter heredes suos atque in eleimosinam dividendae partis augmento esse constituit.

Hanc constitutionem atque ordinationem coram episcopis, abbatibus comitibusque, qui tunc praesentes esse potuerunt, quorumque hic nomina descripta sunt, fecit atque constituit. Episcopi: Hildibaldus, Richolfus, Arn, Wolfarius, Bernoinus, Laidradus, Iohannes, Theodulfus, Iesse, Heito, Waltgaudus. Abbates: Fridugisus, Adalungus, Engilbertus, Irmino. Comites: Walah, Meginheri, Otulfus, Stephanus, Unruocus, Burchardus, Meginhardus, Hatto, Rihwinus, Edo, Ercangarius, Geroldus, Bero, Hildigernus, Hroccolfus.

Haec omnia filius eius Hludowicus, qui ei divina iussione successit, inspecto eodem breviario, quam celerrime poterat post obitum eius summa devotione adimplere curavit.

EXPLICIT.

vierten, goldenen Tisch noch zu jenem dritten Anteil kommen, den er für seine Erben und für die Almosen festgesetzt hat.

Diese Bestimmung und Verordnung machte und traf er in Anwesenheit aller Bischöfe, Äbte und Grafen, die zu dieser Zeit erscheinen konnten und deren Namen hier aufgezählt sind.[112] Bischöfe: Hildebald, Richolf, Arno, Wolfer, Bernwin, Leidrad, Johannes, Theodolf, Jesse, Heito und Waltgaud. Äbte: Fridugis, Adelung, Angilbert und Irmino. Grafen: Walach, Meinherr, Otolf, Stephan, Unruh, Burchard, Meinhard, Hatto, Richwin, Edo, Erchanger, Gerold, Bero, Hildeger und Rocholf.«

Das alles ließ sein Sohn Ludwig, der, als Karl gestorben war, nach göttlichem Willen die Nachfolge übernahm, nach Durchsicht dieser Urkunde, so schnell er konnte, mit größter Gewissenhaftigkeit ausführen.[113]

ENDE.

Anhang

Zu dieser Ausgabe

Die bis heute maßgebliche Edition der *Vita Karoli Magni* ist die von Otto Holder-Egger aus dem Jahr 1911 (*Einhardi vita Karoli Magni*, Hannover/Leipzig [6]1911 [*MGH Scriptores rerum Germanicarum in usum scholarum separatim editi*, 25]). Gegenüber der Erstpublikation der Übersetzung von Evelyn Scherabon Firchow (Stuttgart 1968, Reclams Universal-Bibliothek 1996) wurde der Text für die vorliegende Neuausgabe konsequent an Holder-Eggers Edition angepasst:

	Ausgabe von 2024	*Ausgabe von 1968*
Kap. 5	transmisso amne Garonna, Lupo Wasconum duci	transmisso amne Garonna et aedificato castro Frontiaco, Lupo Wasconum duci
Kap. 14	Post quod et Saxonicum […] conpletum est. 14. Ultimum contra Nordmannos	14. Post quod et Saxonicum […] conpletum est. Ultimum contra Nordmannos
Kap. 18	tres habuit concubinas, Gersuindam	quattuor habuit concubinas, Madelgardam scilicet, quae peperit ei filiam nomine Ruothildem, Gersuindam
Kap. 21	habebat curam, adeo ut eorum	habebat curam, adeo eorum
Kap. 33	Meginheri	Meginherus

Auch die Übersetzung sowie die Anmerkungen wurden für die vorliegende Neuausgabe grundlegend überarbeitet. Für die Anmerkungen konnte mit großem Gewinn auf die ältere kommentierte Ausgabe von Julius Ludwig Ideler (Bd. 1, Hamburg/Gotha 1839) zurückgegriffen werden, v.a. aber auf die mit vorzüglichen Anmerkungen versehene zweisprachige (lat./ital.) Edition von Paolo Chiesa (Florenz 2014).

Dem Anhang wurden das Vorwort des Walahfrid Strabo (s. dazu auch S. 134) und die Widmungsverse des Gerwardus, des ›Herausgebers‹ der sog. Widmungsfassung, beigegeben. Deren Übersetzung stammt von Stefan Zathammer. Der Anhang wurde zudem um eine Zeittafel erweitert.

Anmerkungen

1 Gemeint ist der berühmteste Redner der Antike: der römische Staatsmann und Philosoph Marcus Tullius Cicero (106–43 v. Chr.).

2 Cicero, *Tusculanae disputationes* 1,3,6.

3 Childerich III. (um 720 – um 755) regierte als König der Franken, wenigstens dem Namen nach, ab 743. Im Jahr 751 wurde er abgesetzt und in das Kloster von Saint-Bertin in Nordfrankreich verbannt. Childerichs Absetzung geschah nicht, wie Einhard hier angibt, auf Geheiß Stephans II. (III., Papst 752–757), vielmehr hatte schon sein Vorgänger Zacharias I. (Papst 741–752) sie angeordnet. – Beim Klostereintritt kam dem Scheren des Haupthaares (lat. *tonsura*) als Zeichen für das Verlassen der Welt und die Ganzhingabe des Mönchs an Christus eine besondere Symbolkraft zu. Im Falle Childerichs mag damit vielleicht auch eine gewisse Geste der Demütigung verbunden gewesen sein, galt das lange Kopfhaar doch als Symbol des Freien (vgl. Anm. 5).

4 Das Amt des Hausmeiers (lat. *maior domus*), den Einhard auch *palatii praefectus* nennt, bezeichnete bei (einigen) Germanenstämmen der Völkerwanderungszeit ursprünglich bloß einen (hohen) Bediensteten, der im Namen seines Herrn die Aufsicht über das unfreie Hofgesinde führte. Erst allmählich gelangten deren zusehends aus dem hohen Adel rekrutierte Inhaber bei den Merowingern zu der Machtfülle, die hier beschrieben wird und die es ihnen ermöglichte, nach der Königswürde zu greifen.

5 Haar- und Barttracht waren bei den Germanen der Völkerwanderungszeit ein Zeichen des Standes, dem jemand angehörte. Langes gelocktes Haar war ursprünglich wohl das allgemeine Abzeichen der Freien, insbesondere der Krieger, später zusehends nur mehr des Adels. Bei den Franken blieb diese Haartracht bis weit ins Mittelalter hinein als Ausdruck des Königtums in Gebrauch. Gregor von Tours bezeichnet in seinen *Historiae* 2,9 die Merowinger in Hervorhebung dieser Eigentümlichkeit auch als *reges criniti* (»Könige mit langem, wallendem Haar«).

6 Ob das Ochsengespann, wie noch Jacob Grimm in seinen *Deutschen Rechtsaltertümern* (Göttingen 1828 [u. ö.]) meinte, tatsäch-

lich ein altkönigliches Recht war, das noch aus der besonderen Achtung gegenüber diesen Tieren in der paganen Vorstellung der Germanen herrührte (S. 262–264), ist in der Forschung nicht unumstritten. In dieser von Grimm angenommenen ursprünglichen Bedeutung hat Einhard das Ochsengespann (lat. *carpetum*) hier aber wohl nicht verstanden; es steht für ihn vielmehr symbolhaft dafür, wie weit das einstige Königsgeschlecht inzwischen gesunken war. Überhaupt gleicht ja die Darstellung der letzten Merowinger bei Einhard einer überzeichneten Karikatur. Vgl. dazu Gunther Wolf, »Einhards hofhistoriographischer Euphemismus«, in: Schefers 1997, S. 311–321.

7 An erster Stelle führt Einhard Pippin III. (714–768), auch genannt der Kurze oder der Jüngere, an, der 741 von seinem Vater Karl Martell zusammen mit seinem älteren Bruder Karlmann (706/707–754) das Amt des Hausmeiers übernommen hatte und 751 den Königstitel annahm. Karl Martell (688/691–741) war 717–741 Hausmeier gewesen, und dessen Vater, Pippin II. von Heristal (um 635 – 714), auch genannt der Mittlere, hatte dieses Amt 687–714 innegehabt. Die Reihenfolge hier führt von den Jüngeren zu den Alten, wodurch der Eindruck der Erblichkeit des Amtes noch verstärkt wird. Dadurch wird allerdings kaschiert, dass der Übergang der Macht von Pippin II. zu Karl Martell nicht ohne Auseinandersetzungen (die sog. »pippinidisch-karolingische Sukzessionskrise«) verlaufen war, da dieser als unehelicher Sohn zunächst von der Nachfolge ausgeschlossen war und es ihm erst 717/718 gelang, sich endgültig durchzusetzen.

8 Die Schlacht von Poitiers fand 732 statt, die am Fluss Berre (nicht dem l'Étang de Berre, sondern einem kleinen Fluss, der in den Étang de Sijean fließt) 737.

9 Nördlich von Rom. Karlmann begab sich 747 dorthin.

10 Er starb 754 in Vienne bei Lyon und wurde auf Geheiß Pippins am Monte Cassino beerdigt.

11 Einhard gibt an dieser Stelle für die Dauer von Pippins Regierungszeit 15 Jahre an, tatsächlich waren es fast 17. Der Grund für die Abweichung liegt wohl in dem Umstand begründet, dass Pippin zunächst auf Anordnung des Papstes Zacharias von Bonifati-

us (Bischof von Mainz 745–754) auf der Reichsversammlung von Soissons 751 zum König gesalbt wurde und dann, als sich 754 Papst Stephan II. (III.; s. Anm. 3) in Frankreich aufhielt, um Unterstützung gegen die Langobarden zu erbitten, von diesem die Salbung noch einmal in feierlicher Form wiederholt wurde.

12 Vom aquitanischen Krieg ist in Kap. 5 wieder die Rede; er dauerte von 760 bis 769. – Pippin starb am 24. September 768.

13 Am 9. Oktober 768. Einhard irrt sich jedoch insofern, als Pippin selbst noch vor seinem Tod die Teilung seines Reichs unter Zustimmung seiner Edlen vorgenommen hatte.

14 Karlmann regierte vom 18. Oktober 768 bis zum 4. Dezember 771, also drei Jahre und zwei Monate lang.

15 In Kap. 3 wird zwar berichtet, dass der Krieg noch von Pippin selbst beendet worden sei, der Frieden ist aber wohl nur ein brüchiger gewesen (vgl. *Annales regni Francorum*, S. 28–31, wo Karls Feldzug als direkte Fortsetzung des Krieges, den sein Vater begonnen hatte, dargestellt wird). – Nach den *Annales regni Francorum* (S. 29) soll Karlmann durch die Einflüsterung seiner adeligen Ratgeber davon abgebracht worden sein, seinem Bruder in diesem Feldzug Hilfe zu gewähren, obwohl es gerade für ihn als König über den südlichen Reichsteil hätte von Interesse sein müssen, in Aquitanien die Ordnung wieder herzustellen.

16 Hunold (II.) war der Sohn Waifars, der 745–768 als beinahe unabhängiger Herzog von Aquitanien herrschte. – Waifar starb am 2. Juni 768 kurz vor Pippin, der am 24. September verschied.

17 Ein Überlieferungsstrang hat an dieser Stelle den Zusatz *et aedificato castro Frontiaco* (»und nachdem die Burg Fronsac erbaut worden war«); Holder-Egger hat ihn 1911 in seiner Ausgabe nicht in den Haupttext übernommen.

18 Herzog Lupus II. (gest. nach 778).

19 Karls Feldzug in Italien dauerte von 773 bis 774 und bedeutete schließlich den Untergang des Langobardenreichs. Auslöser waren die Bitten um Intervention vonseiten Hadrians I. (Papst 772–795), als die Langobarden unter König Desiderius (reg. 757–774) im Jahr 773 im Rahmen von Gebietsstreitigkeiten in die päpstlich beherrschte Romagna einfielen. Einen ausführlichen Bericht über

den Krieg gegen die Langobarden enthalten die Reichsannalen (*Annales regni Francorum*, S. 33–41).

20 Pippin zog auf die Bitte von Papst Stephan II. (III.; s. Anm. 3) zweimal mit Heeresmacht in Italien gegen die Langobarden unter König Aistulf (reg. 749–756): 754 und 756. Vgl. *Annales regni Francorum*, S. 12–15.

21 König Desiderius war nach Pavia geflüchtet und Karl belagerte deshalb die Stadt (eine anekdotenhafte Schilderung dieser Belagerung findet sich bei Notker, *Gesta Caroli Magni* 2,17). 774 ergab sich der Langobardenkönig und wurde ins Exil ins Kloster Corbie (im Tal der Somme in Nordwestfrankreich) verbannt, wo er nach 778 starb.

22 Adalgis (gest. nach 788) floh nach Verona und, als Karls Truppen dorthin vorrückten, weiter nach Epirus, Salerno und schließlich nach Konstantinopel, wo man ihm einen ehrenvollen Empfang bereitete. Vgl. *Annales regni Francorum*, S. 37–71.

23 Hruodgaud (gest. 776) war der letzte langobardische Herzog (*dux*) in Friaul. Nach der Niederlage des Desiderius war er anfänglich von König Karl in seiner Position bestätigt worden, 776 setzte er sich dann aber an die Spitze eines Aufstandes des langobardischen Adels gegen die fränkische Herrschaft, der binnen kurzer Zeit blutig niedergeschlagen wurde. Vgl. *Annales regni Francorum*, S. 42 f.

24 Die kriegerischen Auseinandersetzungen mit den Sachsen hatten schon 772 begonnen (vgl. *Annales regni Francorum*, S. 32 f.). Einhard berichtet nicht, wann und wie sie ihren Anfang genommen hatten, setzt das Wissen darum jedoch voraus. Der Krieg mit den Sachsen dauerte mehr als 30 Jahre, bis 804 (vgl. *Annales regni Francorum*, S. 118).

25 Als Herzog Widukind, der in den Jahren 777–785 den sächsischen Widerstand gegen die Franken anführte, sich 782 erneut erhob und die Sachsen in der Schlacht am Süntel ein überlegenes fränkisches Heer besiegten, ließ Karl bei Verden an der Aller an einem Tag 4500 Sachsen köpfen (vgl. *Annales regni Francorum*, S. 62–65).

26 Osning: Gebirgszug im Lippischen Wald, dem südöstlichen Teil des Teutoburger Waldes. – Hase: Nebenfluss der Ems. Beide

Schlachten fanden 783 statt: die erste unweit von Detmold, die zweite in der Nähe des heutigen Osnabrück; im Mittelalter hieß der Ort Schlachtvörderberg, heute Clus. Vgl. *Annales regni Francorum*, S. 64 f.

27 Der sächsische Krieg begann 772, der italienische 773.

28 In Wirklichkeit gab es, wie sich etwa aus den *Reichsannalen* ergibt, mehrere Unterbrechungen.

29 Der Feldzug fand im Jahr 778 statt. Der berühmte Überfall auf die Nachhut ist aus den *Rolandsagen* und einer späteren Version der *Annales regni Francorum* bekannt. Er fand am 15. August 778 statt, wie aus der erhaltenen Grabschrift Ekkehards hervorgeht. Der Ort des Kampfes ist unbekannt, erst die Sage verlegte das Geschehnis in das Tal von Roncesvalles nordöstlich von Pamplona. – Abgesehen von dieser Stelle bei Einhard begegnet Roland nur in der Sage und Dichtung.

30 Die Bretonen wurden von verschiedenen karolingischen Anführern besiegt – von Audulf 786, von Wido 799 –, und im Jahr 800 schworen sie den Treueeid in Tours vor Karl selbst. Sie erhoben sich wieder 811.

31 Der Feldzug gegen Benevent fand in den Jahren 786 und 787 statt (vgl. *Annales regni Francorum*, S. 72–75). Das Herzogtum Benevent war in der zweiten Hälfte des 6. Jh.s von nach Süditalien weiterwandernden Langobarden gegründet worden. Die Oberhoheit des Königs, der im fernen Pavia residierte, war weitgehend formaler Natur, die Herzöge in Benevent erfreuten sich einer großen Selbstständigkeit. Nach der Niederlage des Desiderius im Jahr 774 erkannte Herzog Aregis II. (reg. 758–787) die fränkische Oberherrschaft formal an und konnte so seine Unabhängigkeit fürs Erste bewahren. Auslöser für Karls Feldzug von 786/787 waren v. a. Aregis' Expansionsbestrebungen in Süditalien auf Kosten der päpstlichen Gebiete.

32 Vor diesem Feldzug der Jahre 787 und 788 waren die Bayern den Franken lediglich tributpflichtig gewesen – Herzog Tassilo III. (reg. 748–788) hatte sich 757 Pippin unterworfen und war lehenspflichtig geworden (vgl. *Annales regni Francorum*, S. 14 f.) –, nicht aber in den eigentlichen fränkischen Reichsverband eingeglie-

dert. Was Einhard hier als eine Einheit präsentiert, waren wohl zwei getrennte Vorgänge: einmal der Feldzug selbst, dann der Prozess bzw. die Untersuchung gegen Tassilo vor der Reichsversammlung in Ingelheim im Jahr 788 (vgl. *Annales regni Francorum*, S. 74–81). Im Rahmen dieser Untersuchung stellte sich heraus, dass der bayerische Herzog auch nach seiner letzten Unterwerfung dem König nicht die Treue gehalten hatte – er soll 763 die Franken in einem Feldzug in Aquitanien, obschon er zur Heeresfolge verpflichtet gewesen war, nicht unterstützt haben – und vielmehr mit den Awaren zwecks Schließung eines Bündnisses verhandelt hatte, wozu er von seiner Frau Liutberga angestiftet worden sein soll. Tassilo und seine Gattin sowie ihre beiden Söhne (Theodo und Theodbert) und ihre beiden Töchter (Cotani und Hrodrud) wurden gezwungen, ins Kloster zu gehen (in die Abtei Jumièges in Nordfrankreich). Das bis dahin unabhängige Stammes-Herzogtum Bayern wurde dem Frankenreich eingegliedert.

33 Der Name von Tassilos Frau war Liutberga (vor 750 – nach 788); vgl. auch Kap. 6. – Mit den Awaren und den Hunnen meint Einhard weitgehend dieselben.

34 Im Jahr 794 wurde Tassilo noch einmal aus dem Kloster geholt und vor die Reichssynode in Frankfurt am Main zitiert. Dort zwang man ihn, im Namen seiner Familie freiwillig auf sein Land zu verzichten. Die eigentliche Machtübertragung über das bayerische Herzogtum hatte allerdings gleich nach Tassilos Absetzung im Jahr 788 stattgefunden, als Karl Gerold den Jüngeren, einen seiner engsten Ratgeber und Heerführer, zum fränkischen Statthalter in Bayern eingesetzt hatte.

35 Der Feldzug gegen die Wilzen fand im Jahr 789 statt (vgl. *Annales regni Francorum*, S. 84 f.). Die Wilzen waren ein slawischer Volksstamm, der zwischen Elbe und Oder siedelte, und gehörten dem Bund ostseeslawischer Kleinstämme an, den sogenannten Liutizen. Ihre südlichen Nachbaren waren die Sorben, im Nordwesten grenzte ihr Gebiet an das der Abodriten, eines slawischen Stammes, dessen Gebiet an der Elbe und an der Nordseeküste bis nach Holstein reichte.

36 S. Anm. 35.

37 Gemeint ist das Baltische Meer. Dieses Gewässer hatte als *sinus Codanus* schon Plinius der Ältere beschrieben (*Naturalis historia* 4,96).

38 Schritt: römisches Längenmaß; 1 (Doppel-)Schritt entspricht ca. 1,5 m. Die Ostsee ist fast 1350 km lang und zwischen 150 und 300 km breit.

39 Möglicherweise meint Einhard mit den *Aisti* die im Baltikum siedelnden *Aestiorum gentes*, von denen schon der römische Historiker Tacitus berichtet (*Germania* 45,2).

40 Der Krieg gegen die Awaren war 791 ausgebrochen. Den ersten Feldzug unternahm noch Karl persönlich, er übertrug dann den Oberbefehl an Pippin, der die Awaren im Jahr 796 entscheidend schlagen konnte und die awarische Königsburg einnahm. Die Kampfhandlungen waren damit aber noch nicht beendet, der Krieg loderte immer wieder auf und dauerte noch mindestens bis 799. Vgl. *Annales regni Francorum*, S. 87–99.

41 Markgraf Erich von Friaul (gest. 799) fiel wohl nicht, wie Einhards Darstellung vermuten lässt, im Kampf gegen die Awaren, sondern auf einem Feldzug gegen die unter byzantinischer Oberhoheit stehenden Slawenstämme in Dalmatien und Liburnien.

42 Gerold der Jüngere (gest. 799): Bruder von Karls Gattin Hildegard und einer von dessen wichtigsten Heerführern und Ratgebern; Karl hatte ihn nach der Abdankung Tassilos 788 zum Markgrafen in Bayern eingesetzt (s. Anm. 34).

43 Der böhmische Krieg dauerte von 805 bis 806 (vgl. *Annales regni Francorum*, S. 120, 122); der linonische Krieg fand 808 statt (vgl. *Annales regni Francorum*, S. 125). – Die Linonen waren ein slawischer Stamm zwischen Elbe und Oder; sie waren Nachbarn der Abodriten. Im Jahr 811 erhoben sie sich erneut.

44 S. Anm. 35.

45 Die Kriege gegen die Dänen dauerten von 804 bis 810 (vgl. *Annales regni Francorum*, S. 118 und 131). König Gudfred (reg. 804–810) ließ nach dem Bericht der *Reichsannalen* südlich des Eider-Flusses von der Nord- bis zur Ostsee einen großen Erdwall errichten, das »Daneverke«. Diese Angabe ist aber nicht ganz richtig: Wesentliche Teile der Befestigung waren schon deutlich früher

erbaut worden. 808 griff er die Franken an, 810 schickte er eine große Flotte gegen die Friesen. Karl zog selbst an der Spitze seiner Armee gegen ihn in den Krieg, doch wurde der Dänenkönig getötet, bevor es zur Schlacht kam.

46 Karl herrschte vom 9. Oktober (24. September?) 768 bis zum 28. Januar 814, daher eigentlich nur 45 Jahre und vier Monate. Wahrscheinlich zählte Einhard die Jahre 768 und 814 jeweils als ganze Jahre mit; die Diskrepanz mag auch daher rühren, dass Karl im 33. Regierungsjahr Kaiser wurde und im 14. Jahr seines Kaisertums starb.

47 Die Beschreibung der Ausdehnung des Frankenreichs zum Zeitpunkt von Karls Tod, die Einhard im hier Folgenden gibt, ist stark übertrieben. Er nennt Gebiete, die schon vor Karls Herrschaftsantritt unter der Herrschaft der Franken standen bzw. diesen wenigstens tributpflichtig waren (z. B. Aquitanien), aber auch Länder, die von ihm nie erobert wurden, wie Dazien und Süditalien, oder nur zu einem kleinen Teil, wie Spanien (weder hat Karl Tortosa erobert, noch erstreckte sich das Reich bei seinem Tod bis zum Ebro). Die Reihenfolge der (angeblich) eroberten Gebiete folgt einerseits einer geographischen Ordnung, dann aber auch einer chronologischen, nach den in den Kapiteln zuvor beschriebenen Feldzügen.

48 Beide Teile Pannoniens: Die Bezeichnung *utraque Pannonia* geht auf die Einteilung dieses Gebiets in zwei Provinzen durch Kaiser Trajan (reg. 98–117) im Jahr 103 zurück (*Pannonia superior:* im Wesentlichen das Wiener Becken und das Burgenland sowie ein Großteil des heutigen Ungarns und Sloweniens; *Pannonia inferior:* das Gebiet des heutigen Kroatien und Bosnien). – Dazien: Die antike römische Provinz *Dacia* umfasste Siebenbürgen und die übrigen Gebiete des heutigen Rumäniens sowie Ungarns bis zur Theiß. Dazien hatte Karl nie erobert – Einhard meint damit wohl allgemein Gebiete nördlich der Donau.

49 Zu den Welataben und den Abodriten s. Anm. 35.

50 Alfonso II., genannt der Keusche, regierte 791–842.

51 Im Sprachgebrauch der Zeit waren die *Scoti* die Iren; es ist aber nicht ganz klar, welche Könige hier gemeint sind. Möglicherweise

meinte Einhard gar nicht irische Könige, sondern angelsächsische. Eine Korrespondenz mit König Offa von Merzien (reg. 757–796) zwischen 789 und 796 ist belegt. Engere Verbindungen bestanden mit König Eardulf von Northumbria (reg. 796–806 und 808–810/830). Dieser floh nach seiner Absetzung im Jahr 806 an den Hof Karls in Nimwegen, der ihn dabei unterstützte, seinen Thron wiederzugewinnen.

52 Gemeint ist Harun al Raschid (reg. 786–809), der fünfte Kalif aus dem Hause der Abbasiden.

53 An diese Stelle knüpft sich die Sage von Karls Kreuzzug nach Palästina.

54 Der Elefant, der ursprünglich aus Indien stammte und den Namen Abul Abbas getragen haben soll, kam im Oktober 801 zusammen mit vielen anderen Geschenken in Portovenere am ligurischen Golf an. Die Reise konnte aber wegen der schon vorgerückten Jahreszeit nicht mehr über die Alpenpässe fortgesetzt werden. Den Winter über wurde er deshalb in Vercelli gehalten und erst im Frühjahr 802 nach Aachen gebracht. 810 soll er, als sich Karl gerade rüstete, gegen die Dänen unter König Gottfried (vgl. Anm. 45) in den Krieg zu ziehen, bei der Überquerung des Rheins gestorben sein. Vgl. *Annales regni Francorum*, S. 116 f., 131.

55 Nikephorus I.: reg. 802–811; Michael I.: reg. 811–813; Leo V.: reg. 813–820.

56 Hier geht es um die Pfalzkapelle in Aachen, über deren Bau schon damals märchenhafte Anekdoten kursierten; einige davon berichtet Notker in seinen *Gesta Caroli Magni* (1,28 f., 31).

57 Das heißt: im Mai 813; das Datum ist hier allerdings nicht ganz richtig (vgl. Anm. 109).

58 Mehrere seiner Reichsgesetze (besonders aus den Jahren 794, 803, 807, 813) befassen sich mit der Erhaltung und Wiederherstellung alter Bauwerke.

59 Region im Süden Frankreichs, entlang der Mittelmeerküste von der Rhône bis zu den Pyrenäen.

60 Civitavecchia (lat. *Centumcella*): Stadt in Latium, rund 70 km nordwestlich von Rom am Tyrrhenischen Meer. Die erste Siedlung dort war wohl eine etruskische Gründung; zur Stadt entwi-

ckelte sie sich erst, nachdem Kaiser Trajan 107–110 einen großen Hafen anlegen ließ. Die Sarazenen eroberten und plünderten Civitavecchia erstmals 813 (vgl. *Annales regni Francorum*, S. 139) und in den folgenden Jahrzehnten mehrmals erneut, so dass die Bevölkerung ab Mitte des 9. Jh.s auf einem nahen, leichter zu verteidigenden Hügel eine neue Stadt aufbaute. Erst zwei Jahrhunderte später wurde das Gebiet rund um den alten Hafen wieder besiedelt. – Die Plünderungen in Friesland fanden 810 statt (vgl. *Annales regni Francorum*, S. 131).

61 In Kap. 18 beschäftigt sich Einhard in erster Linie mit Karls Eheleben. Zu Karls Zeit unterschieden die Franken in einer Mischung aus germanischem Recht mit römisch-christlicher Färbung noch vier Eheformen: die Muntehe, die Friedelehe, die Kebsehe und den Frauenraub. Die regelmäßige Form der Eheschließung bildete die Muntehe, die aufgrund eines Vertrags zwischen dem Bräutigam und dem sippen- oder familienrechtlichen Gewalthaber der Braut geschlossen wurde und bei der die sog. »Munt« (die personenrechtliche Gewalt) auf den künftigen Ehemann übertragen wurde. Bei der Friedelehe erwarb der Mann nicht mittels Vertrags die Munt über die Frau, die Ehe wurde vielmehr aufgrund der Willensübereinkunft von Mann und Frau geschlossen; die Friedelehe wurde v.a. dann gewählt, wenn politisch-dynastische Überlegungen die Übertragung der Munt nicht geboten sein ließen; die Kirche schätzte diese Form der Ehe gering, da sie leichter scheidbar war als die Muntehe und zudem oft für (heimliche) Nebenehen missbraucht wurde, was der ausschließliche Charakter der Muntehe nicht zuließ. Die Kebsehe war eine auf Dauer angelegte Geschlechtsbeziehung eines Mannes mit einer seiner Verfügungsgewalt unterstehenden Unfreien, die eheähnliche Formen annehmen konnte. Bei Karl kamen, vom Frauenraub abgesehen, alle Eheformen des germanischen Rechts vor: Die 763 mit Himiltrud (vgl. Anm. 79) geschlossene Ehe dürfte eine Friedelehe gewesen sein, die 770 mit Desiderata (vgl. Anm. 62) eingegangene war eine Muntehe, ebenso die mit Hildegard, Fastrada und Liutgard (vgl. Anm. 63). Die Verbindungen, die Karl nach Liutgards Tod mit drei oder vier Frauen (vgl. Anm. 67) unbedeutenderer

Herkunft einging, wahren wahrscheinlich Kebsverhältnisse. Vgl. dazu Paul Mikat, »Ehe«, in: *Handwörterbuch zur deutschen Rechtsgeschichte*, hrsg. von Adalbert Erler und Ekkehard Kaufmann, Bd. 1, Berlin 1971, Sp. 809–833.

62 Als ihr Name wird traditionell Desiderata angegeben, in den Quellen findet er allerdings keine Grundlage. Sie heiratete 770 König Karl, soll von diesem aber 771, da die Ehe kinderlos blieb, wieder verstoßen worden sein.

63 Karl nahm Hildegard, die vom Alemannenherzog Gottfried abstammte, 771 zur Frau; sie starb im Jahr 783. Er hatte mir ihr eigentlich neun Kinder – vier Söhne und fünf Töchter: Karl der Jüngere (772/773–812) war lange Zeit als Haupterbe vorgesehen, starb aber vor seinem Vater. – Pippin (777–810) hieß zuerst Karlmann, nahm dann aber den Namen Pippin an, als er sich von Papst Hadrian I. 781 taufen und zum König von Italien salben ließ. – Ludwig der Fromme (778–840) war ab 781 König im Unterreich Aquitanien, ab 814 im Gesamtreich (ab 813 Kaiser); er hatte noch einen Zwillingsbruder, Lothar, der allerdings schon 780 verstarb. – Bei den Töchtern übergeht Einhard Adelheid (773–774) und Hildegard (782–783), die beide im frühen Kindesalter starben: Rotrud (775–810) wurde im Alter von sechs Jahren mit dem damals zehn Jahre alten oströmischen Kaiser Konstantin VI. (reg. 780 – zwischen 800 und 805) verlobt, die Heirat fand jedoch nie statt; sie hatte von Rorich, Graf von Rennes und Maine, einen unehelichen Sohn, Ludwig, der später Abt in St. Denis und Kanzler Karls des Kahlen wurde, und eine Tochter, Adaltrud. – Berta (779/780–823) hatte von Karls Staatsminister Angilbert zwei uneheliche Söhne, Hartnidus und Nithard (um 795 – 845), Verfasser eines vier Bücher umfassenden Geschichtswerks (*Historiae*), das die Jahre 814–843 behandelt und schwerpunktmäßig die innerdynastischen Kämpfe der Karolinger in den Jahren 830–842 zum Inhalt hat. – Über Gisela (um 781 – nach 808) wissen die Quellen nur Spärliches zu erzählen, und dies Wenige wird unterschiedlich berichtet; geheiratet hat sie nie, gestorben ist sie nach manchen Quellen im Jahr 808, nach anderen soll sie 814 von Ludwig dem Frommen in ein Kloster geschickt worden sein.

64 Fastrada (um 765 – 794) war die Tochter des fränkischen Grafen Rudolf; Karl heiratete sie im Jahr 783. – Theoderada (785–844/853) war ab 814 Äbtissin des Klosters Notre Dame d'Argenteuil bei Paris und ab 824/828 von Münsterschwarzach. – Hiltrud (787 – nach 800) war Äbtissin des Klosters Faremoutiers im Umland von Paris.

65 Möglicherweise ist damit Himiltrud, Karls erste Frau und Mutter Pippins des Buckligen, gemeint; Pippin der Bucklige plante später zusammen mit anderen Adeligen, seinen Vater zu stürzen (vgl. Kap. 20).

66 Liutgard (gest. 800) war von etwa 794 an Lebensgefährtin Karls am Hof; er nahm sie nach Fastradas Tod (794) im Jahr 796 oder 798 zur Frau.

67 Hier gehen die überlieferten Texte auseinander; eine Lesart erwähnt eine vierte Konkubine (Madelgard) und eine weitere Tochter (Rothild). Holder-Egger 1911 entschied sich, diese Lesart nicht in seinen Haupttext aufzunehmen.

68 Drogo von Metz (801–855/856) war ab 823 Bischof von Metz. – Hugo von Saint-Quentin (802/806–844) war ab 823 Abt des Klosters St. Quentin in Nordfrankreich; er starb im Rahmen der Nachfolgestreitigkeiten nach dem Tod Ludwigs des Frommen (840) in der Schlacht bei Angoulême im Jahr 844. – Theoderich (807 – nach 818) starb noch im Kindesalter.

69 Bertrada (geb. um 725) starb am 12./13. Juli 783.

70 Karl hatte eigentlich vier Schwestern: Ada, Rotheid, Adelheid und Gisela; drei starben im Kindesalter, Gisela (geb. 751) im Jahr 810 im Kloster Chelles bei Paris.

71 Vgl. Kap. 25. Die Sieben Freien Künste (lat. *septem artes liberales*) wurden nach dem Elementarunterricht in Lesen und Schreiben absolviert und waren die Grundlage und Voraussetzung für das Studium der Theologie, Jurisprudenz und Medizin. Zurückgehend auf das antike Bildungsprogramm wurden sie über die Werke des Martianus Capella (5. Jh.), des Cassiodor (um 485 – um 580) und des Isidor von Sevilla (um 560 – 636) ins lateinische Mittelalter tradiert. Die *septem artes* zerfielen in eine Dreiergruppe, das sog. Trivium, und eine Vierergruppe, das sog. Quadri-

vium. Während sich das Trivium mehr mit sprachlich-literarischen Themen beschäftigte und die Grammatik (Sprachlehre des Lateinischen), Rhetorik und Dialektik (Logik) umfasste, lag im Quadrivium der Fokus auf den mathematisch ausgerichteten Fächern Arithmetik (Zahlentheorie und praktisches Rechnen), Geometrie (Geographie, euklidische Geometrie), Musik (Musik-, Harmonie- und Zahlentheorie und Tonarten als Grundlage der Kirchenmusik, v.a. des gregorianischen Chorals) und Astronomie (die Bewegungen der Himmelskörper und Astrologie).

72 Kaiser Augustus, so berichtet Sueton (*divus Augustus* 64), soll hinsichtlich der Erziehung seiner Tochter und seiner Enkelinnen Ähnliches angeordnet haben.

73 Karl starb 811, Pippin und Rotrud 810 (vgl. Anm. 63).

74 Bernhard (797–818) war 812–818 König von Italien und der Langobarden. Als sein Onkel, Ludwig der Fromme, den Versuch unternahm, seinen Sohn Lothar I. als kaiserlichen Nachfolger durchzusetzen, wagte Bernhard, der sich übergangen fühlte, 817 den Aufstand und besetzte die Alpenpässe nach Italien; aber noch im selben Jahr gab er kampflos auf und begab sich zu Ludwig nach Chalon-sur-Saôn, der ihn gefangen nehmen ließ. Zunächst zum Tode verurteilt, wurde Bernhard schließlich nur geblendet, starb aber wenige Tage nach Vollzug der Strafe an deren Folgen.

75 Nämlich zum König von Italien (vgl. *Annales regni Francorum*, S. 138).

76 Papst Hadrian I. starb am 25. Dezember 795.

77 Auch hier nimmt Einhard Anleihe an der Augustus-Biographie des Sueton (vgl. *divus Augustus* 64).

78 Aus Pietät deutet Einhard die Verhältnisse am Hof nur an; möglicherweise spielt er auf die unehelichen Kinder der Töchter an (vgl. Anm. 63).

79 Pippin der Bucklige (um 770 – 811), Karls erster Sohn. Seine Mutter war Himiltrud, die seit 767 Karls Konkubine oder Ehefrau – die Quellen sind in dieser Hinsicht nicht eindeutig – war.

80 Die Verschwörung fand 792 statt. – Das Kloster Prüm liegt nördlich von Trier in der Eifel.

81 Gemeint ist die Verschwörung Thüringer Adeliger gegen Karl unter der Führung Hardrats im Jahr 785/786 (vgl. *Annales regni Francorum*, S. 70).

82 Ein karolingischer Fuß maß 333,960 mm. Tatsächlich war Karl wohl ca. 1,84 m groß.

83 Die Stadt ist seit römischer Zeit für ihre heißen Mineralquellen berühmt.

84 Eine Art von linnenen, eng anliegenden Hosen, die bis zu den Knien reichten.

85 Die *tibialia* waren Bänder oder Bandagen, die man kreuzweise um die Waden wand und außen mit einem dünnen Band, genannt *fasciola,* befestigte. Das Knie blieb unbedeckt. – Einhard scheint zwischen *calciamentum* und *calceus* zu unterscheiden: Mit *calciamentum* meinte er vielleicht Stiefel, mit *calceus* Schuhe.

86 Mit dem *thorax* (eigentlich »Brustkasten«, später aber auch für den Brustpanzer verwendet) ist hier ein enganliegendes Wams gemeint, das ursprünglich direkt unter dem Panzer getragen wurde. – *Pellis lutrina* bedeutet Fischotterfell; *pellis murina* (von *mus* – Maus) dagegen kann entweder Hermelin-, Zobel- oder Marderpelz bedeuten. Nach Notker (*Gesta Caroli Magni* 2,17) trug Karl beim Jagen Schafpelz, während seine Edlen teure Pelze anhatten. Da Karl offensichtlich sparsam war, ist es sehr wahrscheinlich, dass er sein Wams aus billigeren Pelzen, wie z. B. Marderfellen, schneidern ließ.

87 Das *sagum* war ein kurzer Umhang, der lose über die Schultern geworfen und auf der rechten Schulter mit einer Fibel oder Spange zusammengehalten wurde.

88 Hadrian I.: Papst 772–795. – Leo III.: Papst 795–816. – Das Erscheinen in Kaisertracht sollte als symbolischer Akt gelten. Die *longa tunica* war eine Tunika, die bis zu den Knöcheln reichte. Die *chlamys* war ursprünglich ein griechischer Kriegsmantel, den man über der Rüstung trug; er war weiter und länger als das *sagum* und wurde ebenfalls auf der rechten Schulter durch eine Spange zusammengehalten.

89 Das eigentlich griechische Wort *acroama* (Neutrum), das Ein-

hard an dieser Stelle verwendet, bedeutet »etwas, das man mit Vergnügen hört«. Darunter verstand man dann im übertragenen Sinne sowohl Sänger, Musiker und Vorleser als auch Schauspieler.

90 Zu den *artes liberales* vgl. Anm. 71.

91 Peter von Pisa (gest. 799): auch bekannt als Petrus Grammaticus, frühmittelalterlicher Gelehrter; nach der Eroberung des Langobardenreichs (vgl. Kap. 6) kam er auf Karls Geheiß an den Königshof und wurde dort dessen Lateinlehrer; aus seiner Feder stammte eine im Mittelalter weit verbreitete Grammatik des Lateinischen, die aber nicht mehr erhalten ist. – Alkuin von York (735–804): frühmittelalterlicher Gelehrter und Ratgeber Karls; er wurde in York in England geboren und studierte an der dortigen berühmten Domschule; später wurde er deren Leiter; um 782 kam er an Karls Hof in Aachen und übernahm die Leitung der dortigen Domschule; in den folgenden Jahren wurde er, der schon zu Lebzeiten als einer der gelehrtesten Männer galt, zu einem der einflussreichsten Ratgeber des Königs; doch nicht alle von dessen Entscheidungen – etwa die gewaltsame Christianisierung der Sachsen und das Blutgericht von Verden (vgl. Kap. 7) – hieß er gut; 796 verließ Alkuin, wohl nicht ganz freiwillig, den Königshof und wurde zum Abt von St. Martin in Tours bestellt, wo er wenige Jahre später verstarb.

92 Die katholische Kirche kannte von alters her sieben Weihestufen: vier niedere und drei höhere. Die niedrigste Stufe war die der Ostiarer (»Türhüter«), denen die Aufgabe zukam, das Kirchengebäude und die Türen zu bewachen, die Glocken zu läuten und – wenigstens bis ins frühe Mittelalter – nach der Vormesse Taufwerber, Büßer und Nichtchristen, denen es nicht gestattet war, an der Opfermesse teilzunehmen, aus der Kirche zu geleiten.

93 Die Christen litten unter den frühen Kalifen zwar an Benachteiligung gegenüber den Muslimen, v. a. gegenüber dem arabischen Militäradel, doch wurden sie nicht verfolgt. So nutzten die Omaijaden (657–747), von beispielhafter Toleranz, auch christlich-hellenistische Kräfte für ihren Staat.

94 Karl war 774 während der Belagerung von Pavia in Rom (vgl. Anm. 21), dazu 781, als seine jungen Söhne Pippin und Ludwig zu den Königen der Lombardei und Aquitaniens gekrönt wurden, zu Ostern 787 (als Gast Papst Hadrians I.; vgl. Anm. 31) und vom 24. November 800 bis zum 25. April 801.

95 Der Anschlag auf Papst Leo III. geschah am 25. April 799. Leo wurde dabei jedoch nicht verstümmelt, wie Einhard fälschlich annimmt; er floh zu Karl nach Paderborn.

96 Zu Weihnachten, also am 25. Dezember, im Jahr 800.

97 Über die ablehnenden Reaktionen der Oströmer hatte Einhard schon in Kap. 16 berichtet.

98 Gemeint sind das salische und das ripuarische Recht: Die *lex Salica*, so benannt nach dem Stamm der Salfranken, wurde nach traditioneller Auffassung 507–511 auf Anordnung des Merowingerkönigs Chlodwig I. (reg. 481–511) erlassen, ist in ihrem Kern aber wohl schon in der Mitte des 5. Jh.s entstanden. In Anlehnung an das salische Recht ließ König Dagobert I. (reg. 629–639) Anfang des 7. Jh.s eine Gesetzessammlung für das Herzogtum Ripuarien zusammenstellen, die *lex Ripuaria*.

99 Karl ließ ab 785 die Volksrechte der Sachsen, Thüringer und Friesen zusammentragen und niederschreiben.

100 Die Übersetzung der Monatsnamen ins Neuhochdeutsche ist nicht in allen Fällen eindeutig, da die althochdeutsche Schreibung in den einzelnen Manuskripten auseinandergeht. Die Reform der Monatsnamen sollte in ihrer Intention wohl die alten Namen, die vielfach heidnischen Ursprungs waren, ablösen und durch Begriffe, die sich am Lauf der Jahreszeiten (Wintarmanoth: Wintermonat; Lentzinmanoth: Frühlingsmonat; Herbistmanoth: Herbstmonat) oder der bäuerlichen Arbeit (Winnemanoth: Weidemonat; Brachmonath: Monat der Ackerbestellung; Hewimanoth: Heumonat; Aranmanoth: Erntemonat; Witumanoth: Holzmonat; Windumemanoth: Weinlesemonat) orientierten, ersetzen. Zwei Monatsnahmen bezogen sich auf die zwei wichtigsten Feste des christlichen Kalenders, Ostern und Weihnachten (Ostarmanoth: Ostermonat; Heilagmanoth: der heilige Monat). Der Name Hornung, mit dem der Februar be-

zeichnet wurde, fällt aus der Reihe; er rührt wohl daher, dass er gegenüber den anderen elf an Tagen zu kurz gekommen ist.

101 Einhard zählt zwölf Winde auf, die mit den zwölf Punkten auf dem Kompass übereinstimmen, wie er schon seit dem Altertum geläufig war (vgl. Isidor von Sevilla, *Etymologiae* 13,11). Wenn Einhard behauptet, dass es kaum vier Windbezeichnungen vor Karl gegeben habe, so meint er damit wohl althochdeutsche Bezeichnungen.

102 Ludwig der Fromme (778–840) war ab 781 König in Aquitanien, ab 814 König im Gesamtreich. Die Kaiserkrönung fand am 11. September 813 in der Basilika in Aachen statt.

103 Hier irrt Einhard: Karl hatte den Sommer 813 auf der Jagd verbracht und erkrankte dabei. Daher ließ er Ludwig zu sich rufen und krönte ihn (vgl. *Annales regni Francorum*, S. 137 f.).

104 Bis in das späte Mittelalter wurden Tag und Nacht in sog. Temporalstunden (lat. *horae temporales*) eingeteilt: zwölf gleich lange Zeitabschnitte zwischen Sonnenaufgang und Sonnenuntergang bzw. zwischen Sonnenuntergang und Sonnenaufgang. Je nach Jahreszeit waren die Temporalstunden somit unterschiedlich lang. Diese Art der Zeitrechnung war – und ist es bis zu einem bestimmten Umfang noch – insbesondere im Tagesablauf des Klerus, v. a. der klösterlichen Gemeinschaften, von Bedeutung. Karl soll zur dritten Stunde gestorben sein, d. h. zwischen 8 und 9 Uhr.

105 Aus dieser Angabe ergibt sich, dass Karl 742 geboren wurde, wie auch in der älteren Forschungsliteratur zu lesen ist. Die jüngere Forschung geht eher davon aus, dass Karl 747/748 geboren wurde.

106 Die *indictio* war ursprünglich eine besondere Auflage oder Steuer; ab Anfang des 4. Jh.s wurde damit ein auf jeweils 15 Jahre festgesetzter Steuerzyklus bezeichnet und man begann, danach zu datieren, wobei das Jahr des Datums durch seine Ziffer im jeweiligen 15-Jahres-Zyklus bezeichnet wurde: »in der siebenten Indiktion« bedeutet also im siebenten Jahr eines bestimmten 15-Jahres-Zyklus. Nicht ersichtlich aus dieser Angabe allein ist aber, welcher Zyklus gemeint war.

107 Sueton berichtet in seinen Kaiserbiographien ähnliche Vorzei-

chen des Todes: für Caesar (*divus Iulius* 81), Augustus (*divus Augustus* 97), Caligula (*Caligula* 57) und Claudius (*Claudius* 46). In den *Reichsannalen* (*Annales regni Francorum*, S. 122 f., 133, 137) werden die folgenden Eklipsen angeführt: 806 und 807 dreimal Mond- und eine Sonnenfinsternis; 809 eine Mondfinsternis; 810 je zwei Mond- und Sonnenfinsternisse; 812 eine Sonnenfinsternis. Im Jahr 807 sah man acht Tage lang einen schwarzen Fleck auf der Sonne.

108 Das wäre der 5. Mai 813; in Wirklichkeit stürzte dieser Säulengang erst 817 ein (vgl. *Annales regni Francorum*, S. 146).

109 Die Brücke brannte im Mai 813 ab (vgl. *Annales regni Francorum*, S. 136).

110 In Cividale del Friuli residierte zu jener Zeit der Patriarch von Aquileia. – Das unweit von Cividale del Friuli am östlichen Ende des Golfs von Venedig gelegene Grado war Ende des 6. Jh.s durch das Schisma infolge des sog. Dreikapitelstreits Patriarchatssitz geworden und blieb es auch nach der Beilegung dieser Kirchenspaltung (bis 1451). – Tatsächlich waren es, als Karl am 28. Januar 814 verstarb, 22 Städte: Es fehlt in der Aufzählung Narbonne.

111 Es handelt sich um eine Darstellung des ptolemäischen Weltalls. Thegan berichtet in seiner Lebensbeschreibung Ludwigs des Frommen (*Gesta Hludowici imperatoris*, Kap. 4), dass dieser von der ganzen Erbschaft nur den Tisch behalten habe, aus Liebe zu seinem Vater.

112 Die meisten der im hier folgenden Abschnitt aufgezählten Personen lassen sich mit einiger Sicherheit identifizieren; vgl. dazu Brunner 1979, S. 69–83: Hildebald: 787–818 Bischof, ab 795 Erzbischof von Köln; er spendete Karl die Letzte Ölung. – Richolf: 787–813 Erzbischof von Mainz. – Arno: 785–821 Bischof, ab 798 Erzbischof von Salzburg. – Wolfer: 812–816 Erzbischof von Reims. – Bernwin: um 800 – um 810 Erzbischof von Clermont. – Leidrad: 798–814 Erzbischof von Lyon. – Johannes (II.): 811–816/819 Erzbischof von Arles. – Theodolf: 788–821 Bischof von Orléans. – Jesse: 799–836 Bischof von Amiens. – Heito: 802–822 Bischof von Basel. – Waltgaud: 810/811–830 Bischof von Lüttich. – Fridugis (gest. 834), Schüler des Alkuin von York (s. Anm.

91); ab 804 Nachfolger seines Lehrers als Abt von St. Martin in Tours, ab 820 auch Abt von Saint-Bertin. – Adelung: 804–837 Abt von Lorsch. – Angilbert (um 750 – 814): ein Schüler von Alkuin von York am Hof Karls, dem er auch als Diplomat diente; 789 erhielt er vom König als Laienabt die reiche Abtei Saint-Riquier (Centula) bei Abbeville in der Picardie; er soll mit Karls Tochter Berta zwei Söhne gezeugt haben (vgl. Anm. 63). – Irmino: 811–823 Abt von St.-Germain-des-Prés in Paris. – Walach (773–836) gehörte zu Karls engerem Beraterkreis und war Graf in Sachsen; später scheint er auf der Seite von Bernhard von Italien (s. Anm. 74) gestanden zu haben; 826–836 war er Abt von Corbie, bis 831 auch von Corvey, ab 836 von Bobbio; er war ein Sohn des Karolingers Bernhard, eines unehelichen Sohns von Karl Martell, und somit Karls Vetter. – Meinherr wird in den *Annales regni Francorum* 817 als Schwiegersohn des Hartrat, der sich 785/786 gegen Karl verschwor, aufgeführt. – Otolf dürfte mit Graf Audulf (um 760 – 818), ab 799 als Nachfolger Gerolds (s. Anm. 42) zweiter fränkischer Statthalter in Bayern, zu identifizieren sein. – Unruh II. von Friaul (gest. 853) war 829–846 Markgraf von Friaul; er starb als Mönch in der Abtei Saint-Bertin. – Burchard wird 807 und 811 in den *Annales* als *comes stabuli* bezeichnet. – Meinhard (und Edo?) wurde 810 als Gesandter an den dänischen König geschickt. – Gerold war möglicherweise identisch mit dem Statthalter der östlichen Marken 811–832. – Über Stephan (von Paris?), Hatto, Richwin von Padua, Erchanger, Bero (von Barcelona?), Hildeger und Rocholf ist nichts Näheres bekannt.

113 Nach Thegan (*Gesta Hludowici imperatoris*, Kap. 8) und Nithard (*Historiae* 1,2) hat Ludwig den Letzten Willen seines Vaters nicht gerade gewissenhaft ausgeführt.

Vorwort des Walahfrid

Walahfrid von der Reichenau (lat. Walafridus Strabo, 807–849) war einer der bedeutendsten Dichter der Karolingischen Renaissance. Er kam schon als Knabe in das Benediktinerkloster auf der Insel Reichenau im Bodensee, verbrachte dann zum Studium einige Jahre in Fulda und war 829–838 am Hof Ludwigs des Frommen tätig, bis er von diesem 838 zum Abt von Reichenau ernannt wurde. Um 840 besorgte er eine Ausgabe von Einhards *Karlsvita* und stellte dieser die folgende hinführende Einleitung voran (s. dazu auch S. 134:

Gloriosissimi imperatoris Karoli vitam et gesta, quae subiecta sunt, Einhartus, vir inter omnes huius temporis palatinos non solum pro scientia, verum et pro universa morum honestate laudis egregiae, descripsisse cognoscitur et purissimae veritatis, utpote qui his paene omnibus interfuerit, testimonio roborasse. Natus enim in Orientali Francia, in pago qui dicitur Moingeuui, in Fuldensi coenobio sub pedagogio sancti Bonifacii martiris prima puerilis nutriturae rudimenta suscepit. Indeque potius propter singularitatem capacitatis et intelligentiae, quae iam tum in illo magnum, quod postea claruit, specimen sapientiae promittebat, quam ob nobilitatis, quod in eo munus erat insigne, a Baugolfo abbate monasterii supradicti in palatium Karoli translatus est; quippe qui omnium regum avidissimus erat sapientes diligenter inquirere et, ut cum omni delectatione philosopharentur, excolere. Ideo regni a Deo sibi commissi nebulosam et, ut ita dicam, paene caecam latitudinem totius scientiae nova irradiatione et huic barbariei ante partim incognita luminosam reddidit Deo illustrante atque videntem. Nunc vero relabentibus in contraria studiis lumen sapientiae, quod minus diligitur, rarescit in plurimis. Predictus itaque homuncio – nam statura despicabilis videbatur – in aula Karoli, amatoris sapientiae, tantum gloriae incrementi merito prudentiae et probitatis est assecutus, ut inter omnes maiestatis regiae ministros paene nullus haberetur, cui rex id temporis potentissimus et sapientissimus plura familiaritatis suae secreta committeret. Et re vera non immerito, cum non modo ipsius Karoli temporibus, sed

et – quod maioris est miraculi – sub Ludowico imperatore, cum diversis et multis perturbationibus Francorum res publica fluctuaret et in multis decideret, mira quadam et divinitus provisa libratione se ipsum Deo protegente custodierit, ut sublimitatis nomen, quod multis invidiam comparavit et casum, ipsum nec immature deseruerit nec periculis irremediabilibus manciparit. Haec dicimus, ut in dictis eius minus quisque habeat dubitationis, dum non ignoret eum et dilectioni provectoris sui laudem precipuam et curiositati lectoris veritatem debere perspicuam. Huic opusculo ego Strabus titulos et incisiones, prout visum est congruum, inserui, ut ad singula facilior quaerenti quod placuerit elucescat accessus.

Übersetzung:

Das Leben und die Taten des ruhmreichsten Kaisers Karl, die hier aufgezeichnet sind, hat, wie bekannt ist, Einhard, der unter allen Männern am Hof seiner Zeit nicht nur durch sein Wissen, sondern auch durch die ganze Ehrsamkeit seiner Sitten hervorragte, niedergeschrieben und mit reinster Wahrheit Zeugnis abgelegt, da er ja fast bei allem dabei war. Geboren im Osten des Frankenreichs, im Bezirk, der Maingau genannt wird, erhielt er im Kloster von Fulda in der Schule des Heiligen Märtyrers Bonifatius[1] die ersten Anfänge seiner Knabenerziehung. Von dort wurde er mehr wegen der Einzigartigkeit seiner Auffassungsgabe und Intelligenz, die schon damals in ihm das große Musterbild an Weisheit versprach, welches später deutlich hervortrat, als wegen seines Adels, der ihm besonders zu eigen war, von Baugulf, dem Abt des oben genannten Klosters, an Karls Hof gebracht.[2] Dieser war von allen Königen der, der am meisten danach strebte, weise Männer sorgfältig ausfindig zu machen und zu pflegen, damit sie sich in aller Freude den Wissenschaften widmeten. So machte er die sozusagen nebelige und beinahe blinde Weite des ihm von Gott anvertrauten Reichs durch ein neues und dieser Barbarei vorher teils unbekanntes Strahlen aller Wissenschaft durch Gottes Erleuchtung lichtvoll und sehend. Nun aber, da die Studien in ihr Gegenteil zurückfallen, nimmt das Licht der Weisheit, das weniger geliebt wird, bei den meisten ab. Also erlangte das vorher genannte

Männchen – denn in seiner Gestalt wirkte er jämmerlich – am Hof Karls, der ein Liebhaber der Weisheit war, durch seine Klugheit und Rechtschaffenheit so viel Ruhm, dass es unter allen Dienern des Königs fast niemanden gab, dem der mächtigste und weiseste König dieser Zeit mehr Vertrauliches und Geheimes anvertraut hätte. Und in der Tat nicht zu Unrecht, da er nicht nur zu Karls Zeit, sondern auch – was ein größeres Wunder ist – unter Kaiser Ludwig [dem Frommen], als der Staat der Franken in vielen verschiedenen Wirren ins Schwanken geriet und in vielerlei Hinsicht im Niedergang begriffen war, sich durch ein wunderbares und gottgegebenes Gleichgewicht und Gottes Hilfe bewahrte, so dass der erhabene Name, der vielen Neid und Unglück bereitete, ihn weder zu früh verließ noch in unentrinnbare Gefahren verstrickte. Dies sagen wir, damit an Einhards Worten niemand einen Zweifel hege, wenn er sich dessen wohl bewusst ist, dass dieser der Liebe seines Förderers ein besonderes Lob schuldete und der Neugier des Lesers die reinste Wahrheit. Diesem kleinen Werk habe ich, Strabus, Überschriften und Abschnitte eingefügt, so wie es passend schien, damit dem, der etwas sucht, was ihm gefällt, der Zugang zu den einzelnen Themen leichter vor Augen tritt.

1 Gemeint ist Winfried Bonifatius (um 653–754/755), ein aus England stammender Mönch, der wegen seiner umfassenden Missionstätigkeit unter germanischen Stämmen später den Beinamen »Apostel der Deutschen« erhielt. In seinem Auftrag wurde 744 das Kloster Fulda gegründet.

2 Baugulf (gest. 815) war in Fulda der Nachfolger des Gründungsabts Sturmius und leitete von dessen Tod 799 bis 802 das Kloster. Während dieser Zeit erlebte dieses einen beachtlichen Aufschwung und wurde mit seiner Klosterschule zu einem bedeutenden Zentrum der Bildungsreform der sog. Karolingischen Renaissance. – Einhard kam um die Mitte der 90er Jahre des 8. Jh.s an den Königshof.

Widmungsverse des Gerwardus

Gerwardus (um 794 – nach 860) war ab 814 Hofbibliothekar Kaiser Ludwigs des Frommen. Er stellte für diesen eine Ausgabe der *Vita Karoli Magni* zusammen. Darin fehlt Einhards hochrhetorisch und kunstvoll gestalteter Prolog, stattdessen finden sich die folgenden Dedikationsverse. Weshalb Gerwardus den Prolog, der in der Komposition des Werks nicht bloß schmückendes Beiwerk ist, sondern in antiker Tradition eine wichtige Aufgabe hat, wegließ, darüber ist sich die Forschung nicht einig. Gerwardus' Entscheidung führte jedenfalls, wie Tischler 2001 herausarbeiten konnte, dazu, dass der von Gerwardus' Redaktion abhängige Überlieferungsstrang des Prologes verlustig ging.

Hos tibi versiculos ad laudem, maxime princeps,
Edidit aeternam memoriamque tuam
Gerwardus supplex famulus, qui mente benigna
Egregium extollit nomen ad astra tuum.
Hanc prudens gestam noris tu scribere, lector,
Einhardum Magni magnificum Karoli.

Übersetzung:

Größter König, diese kleinen Verse hat dir
Zum ewigen Lob und zum Andenken
Gerwardus, dein demütiger Diener, niedergeschrieben, der mit wohlwollendem
Sinn deinen berühmten Namen zu den Sternen emporhebt.
Diese Taten Karls des Großen hat, wie du weißt, Leser,
der verständige und glänzende Einhard aufgezeichnet.

Zeittafel

687	Pippin II. wird Hausmeier.	Kap. 2
717/718	Karl Martell wird Hausmeier.	Kap. 2
732	Schlacht von Poitiers	Kap. 2
737	Schlacht am Fluss Berre	Kap. 2
741	Karlmann wird Hausmeier von Austrien, Pippin III. Hausmeier von Neustrien.	Kap. 2
742	2. April: Karl der Große wird geboren.	Kap. 30
747	Karlmann gibt sein Amt auf und wird Mönch.	Kap. 2
751	Der Merowinger Childerich III. wird als König der Franken abgesetzt.	Kap. 1
	Pippin III. besteigt als erster Karolinger den fränkischen Königsthron.	Kap. 3
754	Heerfahrt gegen die Langobarden	Kap. 6
760	Heerfahrt gegen Herzog Waifar von Aquitanien	Kap. 5
768	Tod Pippins III.; seine Söhne Karl und Karlmann (nach seiner Taufe Pippin genannt) treten die Nachfolge an.	Kap. 3
769	Heerfahrt gegen Herzog Huinold von Aquitanien	Kap. 3
770	Karl heiratet Desiderata, die Tochter des Langobardenkönigs Desiderius.	Kap. 19
771	Zwist zwischen Karl und Karlmann	Kap. 3
	Desiderata wird verstoßen. Heirat mit Hildegard	Kap. 19
	4. Dezember: Tod Karlmanns; Karl wird Alleinherrscher.	Kap. 3
772	Beginn der Sachsenkriege	Kap. 7
773	Beginn des Langobardenfeldzugs	Kap. 6
774	4. Juni: Eroberung von Pavia	Kap. 6
776	Aufstand des Langobardenherzogs Hruodgaud von Friaul	Kap. 6
777	Beginn des Baus der Pfalz in Nimwegen	Kap. 17
778	Heerfahrt nach Nordspanien	Kap. 9
	15. August: Schlacht von Roncesvalles	Kap. 9

781	Karl besucht Rom.	Kap. 27
	Pippin (Karlmann) wird König von Italien.	Kap. 6
	Verlobung von Karls Tochter Rotrud mit Kaiser Konstantin VI.	Kap. 19
783	30. April: Tod von Karls zweiter Frau, Hildegard	Kap. 18
	12. Juli: Tod von Karls Mutter, Bertrada	Kap. 18
	Karls Heirat mit Fastrada	Kap. 18
	Schlacht am Osning und Schlacht an der Hase	Kap. 9
785–786	Verschwörung des Hardrat	Kap. 20
786	Feldzug gegen die Bretonen	Kap. 20
786–787	Heerfahrt gegen Herzog Aregis von Benevent	Kap. 20
787	Heerfahrt gegen Herzog Tassilo III. von Bayern	Kap. 11
	Karl besucht Rom.	Kap. 27
788	Prozess gegen Herzog Tassilo III. auf der Reichsversammlung von Ingelheim	Kap. 11
789	Feldzug gegen die Wilzen	Kap. 12
791	Beginn der Awarenkriege	Kap. 13
792	Verschwörung Pippins des Buckligen	Kap. 20
794	Tassilo III. wird vor die Reichssynode in Frankfurt a. M. zitiert.	Kap. 11
	Tod von Karls dritter Frau, Fastrada	Kap. 19
795	Beginn des Baus der Pfalzkapelle in Aachen	Kap. 17
	25. Dezember: Tod von Papst Hadrian I.	Kap. 19
796	Eroberung der awarischen Königsburg	Kap. 13
799	Tod Erichs, des Herzogs von Friaul, und Gerolds, des Statthalters von Bayern	Kap. 13
	25. April: Anschlag auf Papst Leo I.	Kap. 29
800	Feldzug gegen die Bretonen	Kap. 10
	4. Juni: Tod von Karls vierter Frau, Liutgard	Kap. 18
	25. Dezember: Karls Kaiserkrönung in Rom	Kap. 28
801	Ankunft des von Kalif Harun al Raschid Karl zum Geschenk gemachten Elefanten Abul Abbas in Portovenere	Kap. 16
803	Friedensvertrag mit dem byzantinischen Kaiser Nikephoros I.	Kap. 16

804	Ende der Sachsenkriege	Kap. 7
	Beginn der Feindseligkeiten mit den Dänen	Kap. 14
805–806	Heerfahrten gegen die Böhmen	Kap. 13
807	Gesandtschaft des Kalifen Harun al Raschid an Karl	Kap. 16
808	Feldzug gegen die Linonen	Kap. 13
810	6. Juni: Tod von Karls Tochter Rotrud	Kap. 19
	8. Juli: Tod von Karls Sohn Pippin (König von Italien)	Kap. 19
	Tod von Karls Schwester Gisela	Kap. 18
	Tod des Dänenkönigs Gottfried	Kap. 14
811	Karl lässt sein Testament aufsetzen.	Kap. 34
	4. Dezember: Tod Karls des Jüngeren	Kap. 19
	Bernhard (Sohn des Pippin) wird König von Italien	Kap. 19
813	Eroberung von Civitavecchia durch die Mauren	Kap. 17
	5. Mai (?): Einsturz des Säulengangs in der Kaiserpfalz von Aachen	Kap. 31
	Mai: Brand der Rheinbrücke bei Mainz	Kap. 32
	11. September: Kaiserkrönung Ludwigs des Frommen	Kap. 30
814	28. Januar: Karl stirbt in Aachen.	Kap. 30

Die Familie Karls des Großen

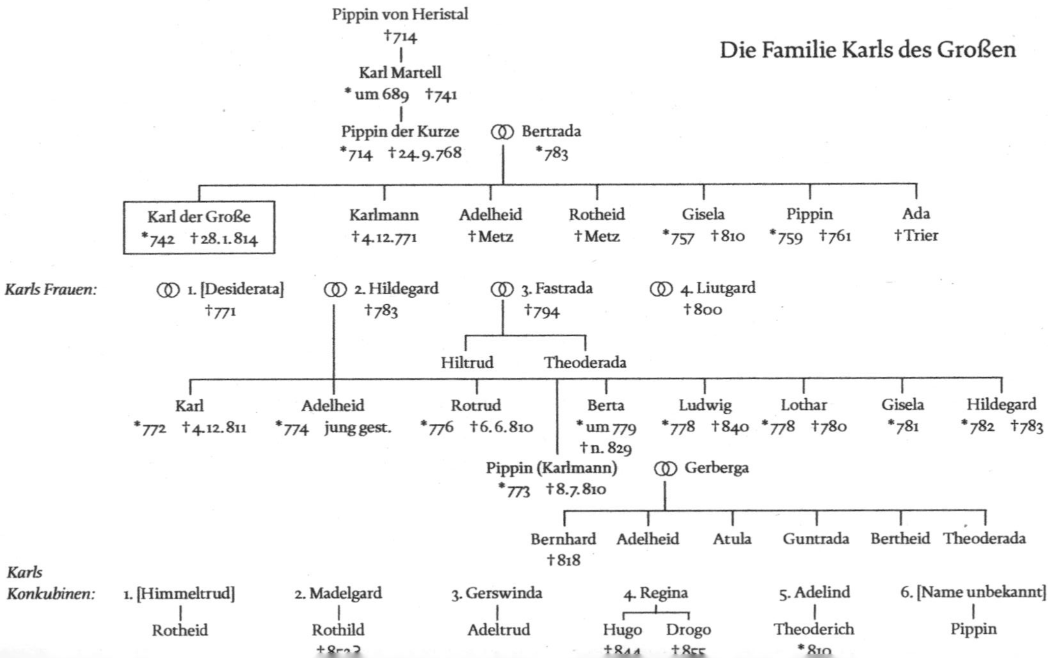

Literaturhinweise

Wichtige Ausgaben

Hrsg. von H. von Neuenahr. In: Vita et gesta Karoli magni. Köln: Johannes Soter, 1521. S. 1–44. [Editio princeps, deren Text – trotz der schon früh erkannten Ungenauigkeiten – lange Zeit der maßgebliche blieb und immer wieder abgedruckt wurde.]

Hrsg. von J. Reuber. In: Veteres scriptores, qui caesarum et imperatorum Germanicorum res per aliquot secula gestas, literis mandarunt. Frankfurt a. M.: Andreas Wechel, Erben, 1584. S. 1–14.

Hrsg. von Marquard Freher. In: Corpus Francicae historiae veteris et sincerae, pars II. Hanau: Wechel, Claude de Marne und Jean Aubry, 1613. S. 433–444.

Hrsg. von A. Duchesne. In: Historiae Francorum scriptores coaetanei. Bd. 2. Paris: Sébastien Cramoisy, 1636. S. 93–106.

Hrsg. von J. Bolland. In: Acta Sanctorum [...]. Ianuarii tomus II. Antwerpen: Johannes Meursius, 1643. S. 877–887.

Hrsg. von J. F. Reinhardt und F. Bessel. Helmstedt: Henning Müller, 1667. [Ausgabe mit beinahe überbordendem gelehrtem Kommentar, deren Kapiteleinteilung bis heute die gebräuchliche blieb.]

Hrsg. von J. H. Schmincke. Utrecht: Wilhelm van de Water, 1711.

Hrsg. von M. Bouquet. In: Recueil des historiens de Gaules et de la France. Bd. 5. Paris: Libraires Associés, 1744. S. 88–103.

Hrsg. von G. G. Bredow. Helmstedt: Carl Gottfried Fleckeisen, 1806.

Hrsg. von G. H. Pertz. In: MGH Scriptores. Bd. 2. Hannover: Hahn, 1829. S. 426–463. [Erste kritische Edition.]

Hrsg. von J. L. Ideler. 2 Bde. Hamburg/Gotha: Friedrich und Andreas Perthes, 1839. [Nach der Ausgabe von Pertz 1829, mit umfangreichem Kommentar.]

Hrsg. und ins Franz. übers. von A. Teulet. In: Einhardi omnia quae exstant opera. Bd. 1. Paris: Jules Renouard & Co., 1840. S. 1–114.

Hrsg. von J.-P. Migne. In: Patrologia Latina. Bd. 97. Paris: Migne, 1851. Sp. 25–62. [Nach der Ausgabe von Pertz 1829.]

Hrsg. von Ph. Jaffé. In: Bibliotheca rerum Germanicarum. Bd. 4. Berlin: Weidmann, 1867. S. 487–541.
Hrsg. von G. Waitz. Hannover: Hahn, [4]1880. (MGH Scriptores rerum Germanicarum in usum scholarum separatim editi, 25.) [Auf der Grundlage der Edition von Pertz 1829.]
Hrsg. von O. Holder-Egger. Hannover/Leipzig: Hahn, [6]1911. (MGH Scriptores rerum Germanicarum in usum scholarum separatim editi, 25.) [Auf der Grundlage der Edition von Waitz 1880; bis heute maßgebliche kritische Ausgabe.]
Hrsg. und ins Engl. übers. von H. W. Garrod / R. B. Mowat. Oxford: Clarendon Press, 1915.
Hrsg. und ins Franz. übers. von L. Halphen. Paris: Honoré Champion, 1923.
Hrsg. und ins Dt. übers. von R. Rau. In: Fontes ad historiam regni Francorum aevi Karolini illustrandam – Quellen zur karolingischen Reichsgeschichte. Bd. 1. Darmstadt: Wissenschaftliche Buchgesellschaft, 1955. S. 157–211. [Mit Einleitung und knappen Anmerkungen; lat. Text nach der Ausgabe von Holder-Egger 1911; übers. nach O. Abel: Kaiser Karls Leben von Einhard. Berlin 1850 (u. ö.).]
Hrsg. und ins Franz. übers. von M. Sot / Ch. Veyrard-Cosme. Paris: Belles Lettres, 2014. [Lat. Text nach der Ausgabe von Halphen 1923.]
Hrsg. und ins Ital. übers. von P. Chiesa. Florenz: Edizioni del Galluzzo, 2014. [Lat. Text nach der Ausgabe von Holder-Egger 1911, mit gehaltvollen Einleitungs-Essays und umfangreichem, v. a. sprachlich-literarischem Kommentar.]

In den Anmerkungen erwähnte Quellen

Annales regni Francorum Kurze, F. (Hrsg.): Annales regni Francorum inde ab anno 741 usque ad annum 829, qui dicuntur Annales Laurissenses maiores et Einhardi. Hannover 1895. (MGH Scriptores rerum Germanicarum in usum scholarum separatim editi, 6.)
Nithard, *Historiae* Müller, E. (Hrsg.): Nithardi Historiarum libri IIII. Hannover/Leipzig [3]1907. (MGH Scriptores rerum Germanicarum in usum scholarum separatim editi, 44.)

Notker, *Gesta Karoli* Haefele, H. F. (Hrsg.): Notkeri Balbuli Gesta Karoli Magni imperatoris – Notker der Stammler. Taten Kaiser Karls des Großen. Berlin 1959. (MGH Scriptores rerum Germanicarum N. S., 12.)

Thegan, *Gesta Hludowici imperatoris* Tremp, E. (Hrsg. und Übers.): Thegan. Die Taten Kaiser Ludwigs – Astronomus. Das Leben Kaiser Ludwigs. Hannover 1995. (MGH Scriptores rerum Germanicarum in usum scholarum separatim editi, 64.)

Forschungsliteratur (Auswahl)

Auerbach, E.: Literatursprache und Publikum in der lateinischen Spätantike und im Mittelalter. Bern 1958.

Barbero, A.: Carlo Magno. Un padre dell'Europa. Rom/Bari 2000. [Dt. Ausgabe: Karl der Große. Vater Europas. Übers. von A. Kopetzki. Stuttgart 2007.]

Barnwell, P. S.: Einhard, Louis the Pious and Childeric III. In: Historical Research 78 (2005) S. 129–139.

Bautz, F. W.: Einhard. In: Biographisch-Bibliographisches Kirchenlexikon. Bd. 1. Hamm [2]1990. Sp. 1479–80.

Becht-Jördens, G.: Einharts *Vita Karoli* und die antike Tradition von Biographie und Historiographie. Von der Gattungsgeschichte zur Interpretation. In: Mittellateinisches Jahrbuch 46 (2001) S. 335–369.

– Biographie als Heilsgeschichte. Ein Paradigmenwechsel in der Gattungsentwicklung: Prolegomena zu einer vorgeschichtlichen Interpretation von Einharts *Vita Karoli.* In: A. Jördens / A. Dihle (Hrsg.): *Quaerite faciem eius semper.* Studien zu den geistesgeschichtlichen Beziehungen zwischen Antike und Christentum. Dankesgabe an Albrecht Dihle zum 85. Geburtstag. Hamburg 2008. S. 1–21.

Bernheim, E.: Die *Vita Karoli Magni* als Ausgangspunkt zur literarischen Beurtheilung des Historikers Einhard. In: Historische Aufsätze, dem Andenken an Georg Waitz gewidmet. Hannover 1886. S. 73–96.

Berschin, W.: Biographie und Epochenstil im lateinischen Mittelalter. Bd. 3: Karolingische Biographie 750–920 n. Chr. Stuttgart 1991.
Beumann, H.: Ideengeschichtliche Studien zu Einhard und anderen Geschichtsschreibern des frühen Mittelalters. München [2]1969.
Borst, A.: Das Karlsbild in der Geschichtswissenschaft vom Humanismus bis heute. In: W. Braunfels / P. E. Schramm (Hrsg.): Karl der Große. Lebenswerk und Nachleben. Bd. 4. Düsseldorf [2]1967. S. 364–402.
Brunhölzl, F.: Geschichte der lateinischen Literatur des Mittelalters. Bd. 1: Von Cassiodor bis zum Ausklang der karolingischen Erneuerung. München 1975.
Brunner, K.: Oppositionelle Gruppen im Karolingerreich. Wien/Köln/Graz 1979.
Buchner, M: Einhards Künstler- und Gelehrtenleben. Ein Kulturbild aus der Zeit Karls des Großen und Ludwigs des Frommen. Bonn/Leipzig 1922.
Eberl, I.: Einhard. In: K. Ruh [u. a.] (Hrsg.): Die deutsche Literatur des Mittelalters. Verfasserlexikon. Bd. 2. Berlin / New York [2]1980. Sp. 420–425.
Erkens, F.-R. (Hrsg.): Karl der Große und das Erbe der Kulturen. Berlin 2001.
Fleckenstein, J.: Einhard. In: Lexikon des Mittelalters. Bd. 3. München 1986. Sp. 1737–39.
– Einhard. In: V. Reinhardt (Hrsg.): Hauptwerke der Geschichtsschreibung. Stuttgart 1997. S. 157–160.
Fried, Johannes: Karl der Große. Gewalt und Glaube. Eine Biographie. München [2]2014.
Gabriele, M. / Stuckey, J. (Hrsg.): The Legend of Charlemagne in the Middle Ages. Power, Faith and Crusade. New York / Basingstoke 2008.
Ganshof, F.-L.: Eginhard, biographe de Charlemagne. In: Bibliothèque d'Humanisme et Renaissance 13 (1951) S. 217–230.
Ganz, D.: Einhard's Charlemagne. The Characterization of Greatness. In: J. Story (Hrsg.): Charlemagne. Empire and Society. Manchester 2005. S. 38–51.

– *Einhardus peccator.* In: P. Wormald / J. L. Nelson (Hrsg.): Lay Intellectuals in the Carolingian World. Cambridge 2007. S. 37–50.
– Einhard. Identities and Silences. In: R. Corradini [u. a.] (Hrsg.): Ego Trouble. Authors and Their Identities in the Early Middle Ages. Wien 2010. S. 153–160.
Gauert, A.: Noch einmal Einhard und die letzten Merowinger. In: L. Fenske (Hrsg.): Institutionen, Kultur und Gesellschaft im Mittelalter. Festschrift für Josef Fleckenstein zu seinem 65. Geburtstag. Sigmaringen 1984. S. 59–72.
Glenn, J.: Echoes of *Aeneid* 11 in Einhard's *Vita Karoli Magni* 9. In: The Classical World 94 (2001) S. 179–182.
– Between Two Empires. Einhard and His Charles the Great. In: Ders. (Hrsg.): The Middle Ages in Texts and Texture. Reflections on Medieval Sources. Toronto 2011. S. 105–117.
Hageneier, L.: Jenseits der Topik. Die karolingische Herrscherbiographie. Husum 2004.
Hägermann, D.: Karl der Große. Herrscher des Abendlandes. München 2000.
Halphen, L.: Études critiques sur l'histoire de Charlemagne. Paris 1921.
Hartmann, W.: Einhard. In: Religion in Geschichte und Gegenwart. Bd. 2. Tübingen ²1999. Sp. 1160.
– Karl der Große. Stuttgart 2010.
Heilmann, W.: Das Gewicht der Macht. Zum Fortwirken römischer Tradition in Einhards *Vita Karoli Magni.* In: Antike und Abendland 43 (1997) S. 145–157.
Hellmann, S.: Einhards literarische Stellung. In: Historische Vierteljahrsschrift 27 (1932) S. 40–110.
Hoffmann, H.: Karl der Große im Bilde der Geschichtsschreibung des frühen Mittelalters (800–1250). Berlin 1919.
Holder-Egger, O.: Zur Überlieferung von Einhards *Vita Karoli Magni.* In: Neues Archiv der Gesellschaft für ältere deutsche Geschichtskunde 37 (1912) S. 395–414.
Innes, M.: The Classical Tradition in the Carolingian Renaissance. Ninth-Century Encounters with Suetonius. In: International Journal of the Classical Tradition 3 (1997) S. 265–282.

Jahn, B.: Einhard. In: Deutsches Literatur-Lexikon. Das Mittelalter. Bd. 3. Berlin [u. a.] 2011. Sp. 19–26.

Janke, G.: Der Einfluss Sueton's auf die historische Richtigkeit Einhard's in der *vita Karoli.* Berlin 1872.

Kempshall, M. S.: Some Ciceronian Models for Einhard's Life of Charlemagne. In: Viator 26 (1995) S. 11–37.

Kerner, M.: Karl der Große. Entschleierung eines Mythos. Köln [u. a.] 2001.

Kleinclausz, A. J.: Eginhard. Paris 1942.

Klopsch, P.: Walahfrid Strabos Prolog zu Einharts *Vita Karoli.* In: Der altsprachliche Unterricht 31/4 (1988) S. 47–59.

Kottje, R.: Einhard. In: Lexikon für Theologie und Kirche. Bd. 3. Freiburg i. Br. [3]1995. Sp. 543–544.

Krüger, K. H.: Neue Beobachtungen zur Datierung von Einhards *Karlsvita.* In: Frühmittelalterliche Studien 32 (1998) S. 124–145.

Kurze, F.: Einhard. Berlin 1899.

Lehmann, P.: Das literarische Bild Karls des Großen vornehmlich im lateinischen Schrifttum des Mittelalters. In: Ders.: Erforschung des Mittelalters. Ausgewählte Abhandlungen und Aufsätze. Bd. 1. Stuttgart 1941. S. 154–207.

Leonardi, C.: I racconti di Eginardo. In: Ders.: Medioveo latino. La cultura dell'Europa cristiana. Florenz 2004. S. 249–274.

Levine, R.: Einhard. In: J. Hardin / W. Hasty (Hrsg.): German Writers and Works of the Early Middle Ages. 800–1170. New York [u. a.] 1995. S. 27–31.

Lintzel, M.: Die Zeit der Entstehung von Einhards *Vita Karoli.* In: W. Möllenberg (Hrsg.): Kritische Beiträge zur Geschichte des Mittelalters. Festschrift für Robert Holtzmann zum sechzigsten Geburtstag. Berlin 1933. S. 22–42.

Löwe, H.: Von Theoderich dem Großen zu Karl dem Großen. Das Werden des Abendlandes im Geschichtsbild des frühen Mittelalters. In: Deutsches Archiv für die Erforschung des Mittelalters 9 (1952) S. 353–401.

– Einhard. In: Neue Deutsche Biographie. Bd. 4. Berlin 1959. S. 396–397.

– *Religio christiana.* Rom und das Kaisertum in Einhards *Vita Karoli*

Magni. In: Storiografia e storia. Studi in onore die Eugenio Duprè Theseider. Bd. 1. Rom 1974. S. 2–20.
– Die Entstehungszeit der *Vita Karoli* Einhards. In: Deutsches Archiv für Erforschung des Mittelalters 39 (1983) S. 85–103.
– Einhard. In: Reallexikon der Germanischen Altertumskunde. Bd. 7. Berlin / New York ²1989. S. 20–22.
Lundt, B.: Kaiser Karls dritter Körper. Präsenz und Dominanz des Herrschers im Spiegel der Vita Einhards und im sogenannten »Volksbuch«. In: B. Lundt / H. Reimöller (Hrsg.): Von Aufbruch und Utopie. Perspektiven einer neuen Gesellschaftsgeschichte des Mittelalters. Für und mit Ferdinand Seibt aus Anlaß seines 65. Geburtstages. Köln/Weimar/Wien 1992. S. 131–154.
Manitius, M.: Einhards Werke und ihr Stil. In: Neues Archiv der Gesellschaft für ältere deutsche Geschichtskunde 7 (1882) S. 519–568.
– Geschichte der lateinischen Literatur des Mittelalters. Bd. 1: Von Justinian bis zur Mitte des zehnten Jahrhunderts. München 1911.
McKitterick, R.: Charlemagne. The Formation of a European Identity. Cambridge 2008. [Dt. Ausgabe: Karl der Große. Übers. von S. Fischer. Darmstadt 2009.]
– History and Memory in the Carolingian World. Cambridge 2009.
Mordek, H.: Livius und Einhard. Gedanken über das Verhältnis der Karolinger zur antiken Literatur. In: E. Lefèvre (Hrsg.): Livius. Werk und Rezeption. Festschrift für Erich Burck zum 80. Geburtstag. München 1983. S. 336–346.
Nicoll, W. S. M.: Some Passages in Einhard's *Vita Karoli* in Relation to Suetonius. In: Medium Aevum 44 (1975) S. 117–120.
Patzold, S.: Einhards erste Leser. Zu Kontext und Darstellungsabsicht der *Vita Karoli.* In: Viator 42 (2011) S. 33–35.
– Ich und Karl der Große. Das Leben des Höflings Einhard. Stuttgart ²2014.
Plenndorf, U.: *Vita Karoli Magni.* In: Th. Stammen [u. a.] (Hrsg.): Hauptwerke der politischen Theorie. Stuttgart ²2007. S. 157–159.
Pyritz, P.: Das Karlsbild Einhards. In: Vierteljahresschrift für Literatur- und Geistesgeschichte 15 (1937) S. 167–188.
Ranke, L. v.: Zur Kritik fränkisch-deutscher Reichsannalisten. In: Ab-

handlungen der Königlichen Akademie der Wissenschaften zu Berlin. Aus dem Jahre 1854. Berlin 1855. S. 415–458.

Reischmann, H.-J.: Die Trivialisierung des Karlsbildes der Einhard-*Vita* in Notkers *Gesta Karoli Magni*. Rezeptionstheoretische Studien zum Abbau der kritischen Distanz in der spätkarolingischen Epoche. Konstanz 1984.

Scharff, Th.: Ein Klassiker mittelalterlicher Geschichtsschreibung. Einhards *Vita Karls des Großen*. In: R. Topher (Hrsg.): Klassiker des Mittelalters. Hildesheim 2019. S. 35–58.

Schefers, H.: Einhard. Ein Lebensbild aus karolingischer Zeit. In: Geschichtsblätter Kreis Bergstraße 26 (1993) S. 25–92.

– (Hrsg.): Einhard. Studien zu Leben und Werk. [Bd. 1.] Darmstadt 1997. [Zusammen mit dem ›Nachfolgeband‹ von 2019 wichtiger Aufsatzband mit zahlreichen nach wie vor grundlegenden Beiträgen.]

– (Hrsg.): Einhard. Leben und Werk. Bd. 2. Regensburg 2019.

Scherberich, K.: Zur Suetonimitatio in Einhards *vita Karoli Magni*. In: L. Kéry (Hrsg.): *Eloquentia copiosus*. Festschrift für Max Kerner zum 65. Geburtstag. Aachen 2006. S. 17–28.

Schmolinsky, S.: Einhard. In: Killy Literaturlexikon. Autoren und Werke des deutschsprachigen Kulturraumes. Bd. 3. Berlin / New York ^{2}2008. S. 234–235.

Smith, J. M. H.: Einhard. The Sinner and the Saints. In: Transactions of the Royal Historical Society 13 (2003) S. 55–77.

Stoppacci, P.: Einhardus. In: P. Chisesa / L. Castaldi (Hrsg.): La trasmissione dei testi latini del Medioevo – Mediaeval Latin Texts and their Transmission. Florenz 2004. S. 223–248.

Stover, J. / Woudhuysen, G.: Einhard and the *Historia Augusta*. In: The Journal of Medieval Latin 33 (2023) S. 1–15.

Tischler, M.: Einhards *Vita Karoli*. Studien zur Entstehung, Überlieferung und Rezeption. 2 Bde. Hannover 2001. [Maßgebliche Arbeit zur Überlieferung der *Vita Karoli Magni* in mittelalterlichen Handschriften und neuzeitlichen Drucken.]

– Tatmensch oder Heidenapostel. Die Bilder Karls des Großen bei Einhart und im Pseudo-Turpin. In: K. Herbers (Hrsg.): Jakobus und Karl der Große. Von Einhards *Karlsvita* zum Pseudo-Turpin. Tübingen 2003. S. 1–37.

Waitz, G.: Handschriften von Einhards *Vita Karoli.* In: Neues Archiv der Gesellschaft für ältere deutsche Geschichtskunde 6 (1881) S. 195–197.

Wattenbach, W.: Einhard. In: Allgemeine Deutsche Biographie. Bd. 5. Leipzig 1877. S. 759–760.

– Deutschlands Geschichtsquellen im Mittelalter. Heft 2. Bearb. von W. Levison / H. Löwe. Weimar 1953.

Weinfürter, S.: Karl der Große. Der heilige Barbar. München [u. a.] 2013.

Wevers, M.: Einhards *Vita Karoli Magni* in der mittelalterlichen Geschichtsschreibung und Heldensage. Worms 1929.

Wolter, H.: Intention und Herrscherbild in Einhards *Vita Karoli Magni.* In: Archiv für Kulturgeschichte 68 (1986) S. 295–317.

Nachwort

Als ein emsig umherlaufendes, kleinwüchsiges Männlein, das geschäftig ganz so wie eine Ameise Bücher und kleine Kunstwerke mit sich herumschleppt, beschrieb Bischof Theodulf von Orléans (um 750/760 – 821) in einem an Karl den Großen gerichteten Gedicht[1] den jungen Einhard am Königshof in Aachen, und er nannte ihn verniedlichend *Nidhardus*. Diese Charakterisierung ist freilich mit etwas spitzer und spöttischer Feder geschrieben, in Theodulfs Versen kommt zugleich aber eine gewisse Anerkennung zum Ausdruck. Sie sind eines der ersten literarischen Zeugnisse, in denen Einhard als Mensch aus Fleisch und Blut fassbar wird, damals gerade einmal 25 oder 26 Jahre jung. Wer nach mehr Stellen oder Dokumenten, die so plastisch den Lebensweg dieses Mannes begleiten, sucht, wird indes eine kleine Enttäuschung erleben. Bei der Beschäftigung mit Einhards Biographie stößt man nicht selten auf Fragezeichen und Unsicherheiten, auf ein vorangestelltes »es scheint«, ein vorsichtig hinzugefügtes »möglicherweise« oder ein dazwischengeworfenes »vielleicht«. Vieles aus seinem Leben lässt sich nur ungenau rekonstruieren.

Wann genau Einhard, der einem edlen ostfränkischen Geschlecht im Maingau entstammte, geboren wurde, ist nicht überliefert; es mag um das Jahr 770 gewesen sein. Seine Kindheit und Jugend verbrachte er größtenteils im Kloster Fulda, das, obschon erst 744 gegründet, im letzten Viertel des 8. Jahrhunderts seine erste Blüte erlebte. Der als

1 Theodulf, *Carmen* XXV, v. 155–161 (abgedruckt in: Dummler, E. [Hrsg.], *Poetae Latini aevi Carolini*, Bd. 1, Berlin 1881, S. 483–486, hier S. 487 [*MGH Poetae Latini medii aevi*, 1]).

Grablege des Heiligen Bonifatius von Pilgern aus dem ganzen Frankenreich zahlreich besuchte Wallfahrtsort war durch königliche Schenkungen reich begütert und ein wichtiges wirtschaftliches Zentrum, mit seiner Klosterschule zudem ein starker Pfeiler der karolingischen Renaissance. Dorthin hatte man Einhard schon im jungen Knabenalter geschickt, allerdings wohl nicht mit der Absicht, ihn auf eine Laufbahn als Kleriker vorzubereiten, denn das geistliche Gewand oder die Mönchskutte sollte er nie anziehen, sondern bloß der schulischen Ausbildung wegen. Das erste Mal konkret fassbar wird er als Urkundenschreiber in Fulda im Jahr 788.

Der Fleiß und das Können des jungen Studenten müssen im Kloster Anlass zur Hoffnung gegeben haben, dass dieser zu Höherem zu gebrauchen sei. Ein knappes Jahrzehnt später, wohl um die Mitte der 90er Jahre des 8. Jahrhunderts, dürfte Einhard von Baugulf von Fulda (Abt 779–802) an den Königshof in Aachen geschickt worden sein. Als er dort ankam, hatte er noch die Gelegenheit, für kurze Zeit den engen Vertrauten des Königs und großen Bildungsreformer der karolingischen Zeit, den Angelsachsen Alkuin von York (735–804), kennenzulernen, ehe dieser 796 den Hof verließ, um sich in das Kloster von Saint-Martin de Tours zurückzuziehen. Frisch nach Aachen gekommen, fiel der vielfachbegabte Einhard offenbar auch diesem auf, denn er verfasste für dessen Haus eine scherzhafte Inschrift, in der er dessen Rolle mit der der Pupillen im Auge verglich, die alle Bewegungen des menschlichen Körpers lenken.[2] Bald nach Alkuins Weggang füllte wohl zusehends

2 Alkuin, *Carmen XXX* (abgedruckt ebd., S. 248).

Einhard dessen Rolle als Ratgeber des Königs und Lehrer der Hofschule aus. In den antiken Klassikern ebenso belesen wie mit den Kirchenvätern vertraut und mit rascher Auffassungsgabe begnadet, dürfte er bald einen bleibenden Eindruck am Königshof hinterlassen haben.

Einhard fand nun Aufnahme in den engeren Beraterkreis um Karl den Großen. Die Mitglieder dieser erlesenen Runde trugen – wohl nach angelsächsischem Brauch, den Alkuin eingeführt hatte – ein aus der Bibel, der antiken Sagenwelt oder Geschichte entlehntes Pseudonym. Einhard führte wegen seiner Geschicklichkeit im Kunsthandwerk und in der Malerei den Namen »Beseleel«. Beseleel wird im Alten Testament, im Buch Exodus 31,2, als ein besonders begabter Kunsthandwerker beschrieben, dem die Aufgabe zufiel, den *Mischkan* herzustellen; dieses Offenbarungszelt nutzten die Israeliten bei ihrem Zug durch die Wüste ins Gelobte Land als mobilen Tempel. Dass Einhard gerade diesen Namen erhielt, lässt als einen seiner hauptsächlichen Tätigkeitsbereiche am Königshof das Gebiet der profanen wie sakralen Zierkunst, das Skriptorium und die Bibliothek vermuten.

Seine Aufgaben waren aber keineswegs darauf beschränkt, er war vielmehr voll und ganz in den Gang der Politik involviert. Karl muss von Einhards politischen und diplomatischen Fähigkeiten einiges gehalten haben, betraute er ihn doch nicht nur mit der Abfassung seiner Briefe und Erlasse, Einhards Name taucht immer wieder auch im Rahmen von diplomatisch heiklen Missionen auf. 806 fiel ihm als kaiserlichem Sondergesandten die Aufgabe zu, Papst Leo III. (795–816) die Urkunde über die Reichsteilung zur Unterschrift nach Rom zu bringen. 813 tritt er als

der Wortführer der fränkischen Großen auf, die sich für die Ernennung von Karls damals noch einzig lebendem Sohn Ludwig zum Mitkaiser (813–840) aussprachen.

Obwohl Einhard gegen Karls vergleichsweise schwachen Nachfolger auf dem Kaiserthron eine durchaus kritische Position einnahm, wie sie mitunter auch in seiner *Vita Karoli Magni* durchscheint, konnte er auch nach Karls Tod im Januar 814 seine Stellung am Hof halten und stand bei seinem neuen Herrn sehr in Gunst. Er erhielt von diesem gleich mehrere, teils sehr begüterte Klöster als Lehen – freilich nicht als ordentlicher Abt, denn eine höhere geistliche Weihe hatte Einhard, der weder Mönchskutte noch Klerikergewand je angelegt hatte, nie erhalten, sondern als sog. Laienabt, eine im frühmittelalterlichen Eigenkirchenwesen noch weit verbreitete Institution, in der weltliche und kirchliche Macht auf nicht unproblematische Weise eng verquickt waren und die allmählich abzuschaffen erst nach den Gregorianischen Reformbestrebungen und dem Investiturstreit gelang. Der Laienabt konnte zwar nicht die einem eigentlichen Abt zukommenden geistlichen Rechte ausüben – diese Aufgaben wurden einem Kleriker, der in der Regel dem Kloster oder Stift angehörte, übertragen –, er nahm aber alle weltlichen Rechte eines Abts wahr, zog die Einkünfte des Klosters (oder wenigstens einen beträchtlichen Teil davon) an sich und war die oberste rechtliche Instanz für die Menschen, die im Dienste des Klosters standen, dessen Land gepachtet hatten oder als Unfreie die Mönche bei der Bewirtschaftung der Äcker, Wiesen und Wälder unterstützten. Einhard gebot als Laienabt im Laufe der Jahre über nicht weniger als sieben Klöster, die über das ganze Reichsgebiet verteilt waren: eines östlich des Rheins

in Fritzlar, drei im heutigen Frankreich, zwei in Belgien sowie je eines in den Niederlanden und in Italien.

Kaiser Ludwig der Fromme teilte Einhard 817 seinem zu jener Zeit schon zum künftigen Kaiser designierten und gekrönten ältesten Sohn Lothar (817/823–855, bis 840 als Mitkaiser) als Berater zu. Nachdem Einhard in den 820er Jahren vergeblich versucht hatte, Ludwig für ein Programm der Reichsreform (das er auch schriftlich niedergelegt haben soll – es ist aber nicht erhalten) zu gewinnen, zog er sich allmählich aus der aktiven Politik zurück, gleichwohl er seine Rolle als Ratgeber zeitlebens nie ganz ablegte und zu allen rivalisierenden Karolingern ein ausgeglichenes Verhältnis zu bewahren suchte.

Um 830, wahrscheinlich noch vor dem Aufstand der Kaisersöhne gegen ihren Vater, bat Einhard unter Verweis auf seine zusehends angeschlagene Gesundheit und seine religiösen Bedürfnisse um die Entlassung aus dem Dienst am Hof und zog sich nach Seligenstadt zurück. 836 verstarb seine Ehefrau Imma, Einhard selbst starb nur wenige Jahre später, am 14. März 840.

Wie sehr Einhards letzte Lebensjahre ganz von religiösen Fragen erfüllt waren, zeigen seine damals entstandenen Schriften. Lupus von Ferrières (um 805 – nach 861), Abt des Benediktinerklosters Ferrières-en-Gâtinais und wichtiger Vertrauter von Kaiser Karl dem Kahlen, widmete er den 836 verfassten *Libellus de adoranda cruce*, einen kurzen theologischen Traktat über die Kreuzesverehrung. Auch die Tatsache, dass Einhard durch seinen Notar Ratleik die Gebeine der Heiligen Marcellinus und Petrus in Rom besorgen oder vielmehr entwenden ließ, um sie nach kurzem Aufenthalt in Michelstadt nach Seligenstadt im Maingau zu

bringen, bezeugt seine Hinwendung zur Religion. Diese Geschichte breitete er zwischen 828 und 830 in seiner vier Bücher umfassenden *Translatio ss. Marcellini et Petri* aus, die im Umfang ungefähr doppelt so lang ist wie die *Karlsvita*. Zusammen mit der *Translatio* wird die metrische Version der spätantiken Prosapassion der Heiligen Marcellinus und Petrus überliefert; ob aber tatsächlich Einhard als der Verfasser dieses recht einfach gestrickten Gedichtes anzusehen ist, ist zweifelhaft. Als letztes der erhaltenen Werke Einhards ist der *Libellus de psalmis* zu nennen, ein wohl nach angelsächsischem Vorbild aus Psalmenexzerpten zusammengestelltes Gebetbuch, an dessen Ende sich drei umfangreichere, frei formulierte Gebete finden. Auch hier wird die Autorschaft Einhards angezweifelt. Erhalten sind auch über 50 Briefe, von denen der früheste auf das Jahr 823 zu datieren ist. Das zweifellos wichtigste Werk aus Einhards Feder ist die *Vita Karoli Magni*, seine Lebensbeschreibung Kaiser Karls des Großen.

Die *Vita Karoli Magni*

Über die Entstehungszeit der Vita ist in der modernen Forschung eine breite Diskussion geführt worden. Hatte man früher angenommen, Einhard habe sein Werk schon bald nach Karls Tod (814) in den Jahren zwischen 817 und 821 verfasst, so geht die heute herrschende *communis opinio* von einer Entstehungszeit um 825 bis 830 oder sogar etwas später aus.

Allzu umfangreich ist die kleine Schrift nicht – sie umfasst in der maßgeblichen Ausgabe von Oswald Holder-

Egger gerade einmal 33 unterschiedlich lange Kapitel auf 41 Druckseiten. Die eigentliche *Vita* beginnt nach der Schilderung der merowingischen Degeneration und der groben Nachzeichnung des Aufstiegs des karolingischen Herrscherhauses (Kap. 1–3) mit der Regierungsübernahme Karls des Großen im Jahr 768. Einhard gliederte den Stoff, den darzustellen er sich vorgenommen hatte, dann, wie er selbst in Kap. 4 erklärt, in drei große Teile: *primo res gestas et domi et foris* (»zuerst seine Taten innerhalb und außerhalb des Reichs«; Kap. 5–17), *deinde mores et studia eius* (»dann sein Benehmen und seine Vorlieben«, Kap. 18–25), *tum de regni administratione et fine* (»schließlich über seinen Regierungsstil und seinen Tod«, Kap. 26–33).

Im ersten Teil (Kap. 5–17) bringt Einhard die großen innen- wie außenpolitischen Taten Karls unter, im Wesentlichen die von diesem geführten Kriege, zwölf an der Zahl. Eher summarisch behandelt er die friedlichen, diplomatischen Aktionen. Der zweite Abschnitt (Kap. 18–25) beschäftigt sich mit Karls Gestalt und Charakter sowie seinen Eigenschaften, Vorlieben und Neigungen. Der dritte und letzte Teil (Kap. 26–33) schließlich hat, so gibt Einhard wenigstens an, Karls Regierungstätigkeit zum Inhalt. Platz findet dort allerdings auch alles Mögliche, das auch anderswo hätte untergebracht werden können oder gar sollen. Karls Religiosität (Kap. 26) hätte genauso gut in die Beschreibung der *mores et studia* aufgenommen werden können, ebenso seine Freigebigkeit bei der Spende von Almosen (Kap. 27). Die Schilderung der Kaiserkrönung am Weihnachtstag 800 (Kap. 28) wäre vielleicht passender im ersten Teil bei den *res gestae* untergebracht gewesen. Von Karls *administratio regni*, also von seiner Regierungs- und Verwaltungstätig-

keit im engeren Sinne, handelt im dritten Abschnitt eigentlich nur Kap. 29, in dem vom Versuch einer Rechtsreform bzw. -vereinheitlichung, von der Sorge um die deutsche Sprache und von der Aufzeichnung der geschichtlichen Überlieferung gesprochen wird. Dann nimmt schon der Schlussteil seinen Anfang: Auf die Erzählung von Ludwigs Krönung und Karls Tod (Kap. 30), den Bericht über die Begräbnisfeierlichkeiten (Kap. 31) und die Vorzeichen, die das nahe Ableben des Kaisers angezeigt haben sollen (Kap. 32), folgen schließlich die detaillierten Ausführungen zu den von Karl getroffenen Anordnungen hinsichtlich der Aufteilung und des Umgangs mit seinem Nachlass (Kap. 33).

Schon bei Einhards Zeitgenossen hat die *Karlsvita* nicht wenig Eindruck hinterlassen. Der bereits erwähnte Lupus von Ferrières preist in einem seiner Briefe[3] die stilistische, an den großen Alten geschulte Eleganz, mit der es der Autor verstanden habe, die glänzendsten Taten des großen Kaisers niederzuschreiben – nicht durch überlange und gekünstelte Perioden, die den Lesefluss hemmten und das Textverständnis erschwerten, sondern durch geschliffene und zugleich prägnante Kürze im Ausdruck. Trotz des deutlichen Verweises auf Cicero im Prolog ist es zu Beginn nicht ein antiker Klassiker, den sich Einhard zum Vorbild genommen hat, sondern ein christlicher, nämlich der spätantike Hagiograph Sulpicius Severus (um 363 – 420/425), Autor einer Biographie des Heiligen Martin von Tours. Im Prolog zur *Vita Karoli Magni* scheint die Praefatio, die Sulpicius seiner *Martinsvita* vorangestellt hatte, fortwährend

3 Lupus, *Epistola* 1 (abgedruckt in: *MGH Epistolae*, Bd. 6, Berlin 1925, S. 7–9, hier S. 8).

durch. Für die eigentliche Konzeption seines Werks griff Einhard aber doch auf das Altertum zurück: auf den antiken Biographen Gaius Suetonius Tranquillus (um 70 – nach 112). Aus der Reihe der zwölf Kaiserviten, die Sueton hinterlassen hat, lässt sich als unmittelbares Vorbild deutlich der *divus Augustus*, also die Beschreibung des Lebens des Kaisers Augustus (reg. 27 v. Chr. – 14 n. Chr.) ausmachen. Anders als die Anklänge an Sulpicius' *Martinsvita*, die dem gebildeten Leser jener Zeit durchaus auffallen konnten und wohl auch sollten, hat den Rückgriff auf Sueton vermutlich nicht jeder sogleich durchschaut, denn dessen Schriften waren im Frühmittelalter wenig verbreitet. Die deutlichste Anlehnung Einhards am antiken Biographen ist die Disposition des Stoffes, die Art der Darstellung *per species*, also eine Darstellung, die gewisse zusammengehörende Aspekte der Person, dessen Leben darzustellen sich der Autor vorgenommen hat, in Themenblöcken zusammenfasst (s. dazu die bereits erwähnte Gliederung der *Vita Karoli Magni* in drei Teile). Anders als Sueton ist Einhard allerdings nicht dem Hang verfallen, Anekdotenhaftem in seiner Erzählung viel Platz einzuräumen und sich in solchen Details zu verlieren. Was hätte man nicht alles über den weißen Elefanten Abul Abbas, den Karl von Kalif Harun al Raschid geschenkt bekommen hatte, erzählen können, wie leicht hätte man die Alpenüberquerung der Franken, als Karl 773/774 auf die Bitten Papst Hadrians I. hin gegen die Langobarden unter ihrem König Desiderius in Italien in den Krieg zog, durch lebhafte Schilderung der Gefahren, die sie dabei auszustehen hatten, ausschmücken können! Einhard hingegen bleibt dem Versprechen nach prägnanter Kürze in der Darstellung, das er seinem Leser im Prolog

gegeben hatte, treu und deutet nur an – den Rest auszufüllen überlässt er der Vorstellungskraft seiner Leser. Dafür bedient er sich andernorts, etwa bei der Beschreibung von Karls äußerer Erscheinung (Kap. 22), reichlich im Werk seines antiken Vorbilds und übernimmt auch längere Passagen fast wörtlich und nur mit den nötigsten Anpassungen.

Wie Lupus von Ferrières Einhards stilistische Vollendetheit rühmte, so fand ein anderer Zeitgenosse, Walahfrid von der Reichenau (807–849), nicht weniger lobenswerte Worte für die Glaubwürdigkeit des Autors und das Gewicht, das er diesem beizumessen bereit war. Walahfrid besorgte zwischen 842 und 849 eine Ausgabe der *Karlsvita* für seinen Förderer und Gönner Ludwig den Frommen und unterteilte dabei deren Text in 39 Kapitel. Diese versah er jeweils mit Rubriken, die in wenigen Worten den Inhalt des entsprechenden Abschnitts angaben. Zugleich fügte er dem Text einen *accessus*, eine Hinführung zu Autor und Werk, hinzu. Walahfrids *accessus* ist wohl eine der elegantesten Einleitungen, die je zu Einhards *Karlsvita* geschrieben wurden, und verdient es, nicht nur zitiert oder anerkennend erwähnt, sondern auch gelesen zu werden – daher ist er im Anhang mit abgedruckt.

Als Grundlage für seine Arbeit dienten Einhard in erster Linie wohl hauptsächlich seine persönlichen Erinnerungen, womit sich bis zu einem gewissen Grad auch die vielen historischen Ungenauigkeiten, die sich in die Darstellung eingeschlichen haben, erklären lassen. Bei der Frage nach den Quellen und dem Quellenwert der *Vita Karoli Magni* ist wichtig, sich das Umfeld ihrer Entstehung zu vergegenwärtigen, in dem sich so etwas wie ein (nicht unbedingt zentral gesteuerter) Versuch einer Reichshistorie ausma-

chen lässt. In diesem Rahmen stößt man zunächst auf die *Annales regni Francorum*, in denen die mit den Karolingern im Allgemeinen und Karl dem Großem im Besonderen in Zusammenhang stehenden Ereignisse der Jahre von 741 (Tod Karl Martells) bis 829 aufgezeichnet sind. Entstanden sind sie wohl in zwei Redaktionen, wobei man lange Zeit davon ausging, dass die zweite, innerhalb derer besonders die Jahre 741 bis 801 einer Überarbeitung unterzogen wurden, Einhard zuzuschreiben sei. Neben den *Annales regni Francorum* gäbe es noch eine Reihe weiterer annalistischer Geschichtswerke zu erwähnen, die in der zweiten Hälfte des 8. und der ersten Hälfte des 9. Jahrhunderts im Dunstkreis um den karolingischen Hof entstanden sind: etwa die *Annales Mettenses priores*, die in der Abtei Notre-Dame de Chelles bei Paris in der Zeit entstanden, als dort Karls Schwester Gisela (gest. 810) Äbtissin war, und die sich hauptsächlich mit den Jahren des Aufstiegs der Karolinger befassen; einer Erwähnung wert sind an dieser Stelle auch die *Annales Laureshamenses*, als deren Hauptautor lange Zeit der Abt des Klosters Lorsch und Bischof von Trier Richbod (gest. 804) angenommen wurde; ob sie tatsächlich aus seiner Feder stammen, wird heute sehr in Zweifel gezogen, ihr Autor war jedenfalls über das Geschehen am Hof und im Reich gut unterrichtet, besonders was die Zeit zwischen 786 und 803 anbelangt.

Die chronologischen wie sachlichen Irrtümer, die sich in die *Karlsvita* eingeschlichen haben, schadeten ihrer Glaubwürdigkeit in den Augen der Zeitgenossen wenig, wie aus dem erwähnten Brief des Lupus hervorgeht. Deutlich negativer sah sie die historisch-kritische Geschichtswissenschaft des 19. Jahrhunderts. Ein beinahe vernichtendes Ur-

teil fällte Leopold von Ranke (1795–1886), dessen Ausführungen über den Quellenwert der *Vita Karoli Magni* in der Feststellung mündeten: »Das kleine Buch ist voll von historischen Fehlern« (1855, S. 416). Bei aller berechtigten Detailkritik an den sachlichen und zeitlichen Ungenauigkeiten in der *Vita Karoli Magni*, an deren Niederschrift sich der Autor ja mit einem deutlichen zeitlichen wie räumlichen Abstand vom Tod Karls und vom Kaiserhof machte, lässt sich doch nicht ohne Weiteres über die literarische Leistung, die Einhard mit seiner *Vita* erbrachte, hinweggehen, war doch sie es, die das Bild am nachhaltigsten prägte, das sich die mittelalterliche wie neuzeitliche Welt von Karl dem Großen machte. Wenn Max Manitius (1858–1939), der Doyen der Literaturgeschichtsschreibung des lateinischen Mittelalters, sie »die beste Biographie des Mittelalters« (1911, S. 642) nennt und sich sogar dazu hinreißen lässt, sie »in Hinsicht auf die Bedeutung des Inhalts und die Schönheit ihrer Form mit der *Germania* des Tacitus« (ebd., S. 643) zu vergleichen, so steht er mit seiner Einschätzung keineswegs alleine da. Trotz der vielen Anleihen an Suetons *vitae Caesarum* und des Rückgriffs auf die spätantike und frühmittelalterliche hagiographische Tradition gelang es Einhard in seiner Lebensbeschreibung, eine beispiellose Herrschergestalt in einer einmaligen Epoche in einzigartiger Weise darzustellen. So nannte Walter Berschin (1991, S. 220) die Vita »ein Werk von einsamer Größe«. Die Nachwirkung, die von ihr ausging, war schon im Mittelalter außergewöhnlich, und die Faszination, die sie bei ihren Lesern hervorrief, flaute auch in der Neuzeit nicht ab:

Kaum ein Werk fand in den mittelalterlichen Klosterbibliotheken und -skriptorien so weite Verbreitung. Einhards

Karlsvita kursierte in einer schier unüberschaubaren Zahl von Handschriften – ein an Vollständigkeit reichender Überblick gelang erst Matthias Tischler in seiner monumentalen Studie von 2001: Die *Karlsvita* ist in 123 gesicherten Manuskripten erhalten geblieben, von denen 105 in das Mittelalter zu datieren sind – für einen frühmittelalterlichen Text eine überaus breite Überlieferungsbasis. In den Druck gelangte die Schrift allerdings erst relativ spät: 1521 erschien in Köln die von dem deutschen Humanisten Hermann von Neuenahr dem Älteren (1492–1530) besorgte Editio princeps; ihr folgten bis Ende des 19. Jahrhunderts eine Vielzahl weiterer Ausgaben (eine kleine Auswahl ist auf S. 115f. zusammengestellt), denen durch die begleitenden Texte je nach Herkunft und Intention des Herausgebers nicht selten auch eine bestimmte nationale oder patriotische Färbung gegeben war. Die erste Edition, die man als ›kritische‹ im eigentlichen Sinne bezeichnen kann, ist jene, die Georg Heinrich Pertz 1829 im Rahmen der *Monumenta Germaniae Historica* besorgte. Dieser folgte Ende des 19. Jahrhunderts im Auftrag derselben Gesellschaft eine zweite (Georg Waitz ^{4}1880) und schließlich zu Beginn des 20. Jahrhunderts eine dritte (Oswald Holder-Egger ^{6}1911). Letztere ist bis heute weitgehend – eine Ausnahme stellt hier Frankreich dar, wo bevorzugt auf die Edition von Louis Halphen von 1923 zurückgegriffen wird – die maßgebliche geblieben, obwohl selbst ihr Herausgeber sie in einem nur ein Jahr nach ihrem Erscheinen publizierten Aufsatz (Holder-Egger 1912) als eine bloß vorläufige betrachtet wissen wollte und eine baldige neue ankündigte (die nicht folgte).

Inhalt

Vita Karoli Magni / Das Leben Karls des Großen

Anhang